市场营销基础

主　编　谢孝彬　林宝木
副主编　屈娟娟　刘　怡

北京理工大学出版社
BEIJING INSTITUTE OF TECHNOLOGY PRESS

内容提要

本书是以市场营销学的理论和实践为依据。本着"易教易学"的原则，不仅注重学生基础知识的学习，而且着力培养学生的综合素质，把最新的理念融入教材，使教材内容更加贴近营销实际。主要介绍市场营销概述、市场营销环境、市场调查、目标市场战略、产品策略、定价策略、渠道策略、促销策略。

版权专有　侵权必究

图书在版编目（CIP）数据

市场营销基础/谢孝彬，林宝木主编.—北京：北京理工大学出版社，2018.3（2022.1重印）

ISBN 978-7-5682-5309-3

Ⅰ.①市… Ⅱ.①谢… ②林… Ⅲ.①市场营销学－教材 Ⅳ.①F713.50

中国版本图书馆CIP数据核字（2018）第029621号

出版发行／北京理工大学出版社有限责任公司
社　　址／北京市海淀区中关村南大街5号
邮　　编／100081
电　　话／（010）68914775（总编室）
　　　　　（010）82562903（教材售后服务热线）
　　　　　（010）68944723（其他图书服务热线）
网　　址／http：//www.bitpress.com.cn
经　　销／全国各地新华书店
印　　刷／定州市新华印刷有限公司
开　　本／787毫米×1092毫米　1/16
印　　张／11.5　　　　　　　　　　　　　　　责任编辑／王晓莉
字　　数／243千字　　　　　　　　　　　　　　文案编辑／王晓莉
版　　次／2018年3月第1版　2022年1月第5次印刷　责任校对／周瑞红
定　　价／29.80元　　　　　　　　　　　　　　责任印制／边心超

图书出现印装质量问题，请拨打售后服务热线，本社负责调换

前 言

随着"一带一路"("丝绸之路经济带"和"21世纪海上丝绸之路")的提出及市场经济的不断发展,许多新的营销理念、营销方式应运而生。为了适应新的经济发展形势对人才的需求以及更好地满足职业院校的教学需要,特组织市场营销专业一线骨干教师,进行认真探讨,形成初步的编写大纲,在组织有关专家和实际从事市场营销的中职毕业生进行修改和审核后,编写了这本《市场营销基础》教材。

本书在编写上,以市场营销学的理论和实践为依据,本着"易教易学"的原则,并结合中等职业学校学生的特点,不仅注重学生基础知识的学习,而且着力培养学生的综合素质,把最新的理念融入教材,使教材内容更加贴近营销实际。同时,书中设置了适量案例,有利于学生更好地理解营销理论,从而提高学习兴趣。为了方便教师的教学和学生的学习,每章均附有"本章小结"与"本章练习"。

本书内容主要包括市场营销概述、市场营销环境、市场调查、目标市场战略、产品策略、定价策略、渠道策略、促销策略。

本教材具体有以下特点:

1. 体系完整。本书以职业院校学生的实际情况和职业培养方向为出发点,力求理论浅现易懂,内容体系完整。

2. 体例新颖。每个章节都以"引导案例"来激发学生的学习兴趣,同时,也易于学生理解和掌握营销知识。

3. 案例教学。在编写过程中,凡是遇到较难理解的理论知识,力求以"小知识"或"小案例"加以补充阐述,给予学生广阔的思考空间,便于理解应用。

4. 配套资源。为了方便教师更好地开展教学活动,本书收集整理了大量的案例锦集、视频资料、图片资料、延伸阅读、教学课件等教学资源。

　　本书在编写过程中参阅了大量文献，得到许多专家、老师以及市场营销成功人士的大力支持，在此一并表示感谢。由于作者水平有限，书中难免存在不足之处，恳请广大读者批评指正。

编　者

目录 CONTENTS

第一章　市场营销概述 ··· 1
　1.1　市场的基本概述 ·· 2
　1.2　营销观念 ·· 7

第二章　市场营销环境 ·· 17
　2.1　营销环境分析 ··· 18
　2.2　消费者需求、购买动机及购买行为分析 ··························· 27

第三章　市场调查 ·· 39
　3.1　市场调查的概述 ··· 46
　3.2　市场调查设计 ··· 53

第四章　目标市场战略 ·· 74
　4.1　市场细分 ··· 75
　4.2　目标市场 ··· 82
　4.3　市场定位 ··· 86

第五章　产品策略 ·· 93
　5.1　产品整体概念 ··· 95
　5.2　产品组合及其策略 ··· 98
　5.3　产品品牌、包装策略 ·· 100
　5.4　产品生命周期策略 ·· 107
　5.5　新产品开发策略 ·· 112

第六章　定价策略 …… 119
6.1　产品定价概述 …… 120
6.2　产品定价策略 …… 127
6.3　产品调价策略 …… 134

第七章　渠道策略 …… 139
7.1　分销渠道的概念及类型 …… 140
7.2　分销渠道的中间商 …… 143
7.3　分销渠道选择策略 …… 147
7.4　分销渠道管理策略 …… 150

第八章　促销策略 …… 157
8.1　促销策略 …… 158
8.2　广告 …… 161
8.3　人员推销 …… 168
8.4　营业推广 …… 170
8.5　公共关系 …… 173

第一章 市场营销概述

教学目的要求：

1. 能掌握市场的概念。
2. 能理解市场的分类。
3. 能掌握市场营销的含义及相关概念。
4. 能理解市场营销观念的变化。

教学重点难点：

1. 市场的分类。
2. 市场营销的含义及相关概念。
3. 市场营销观念的变化

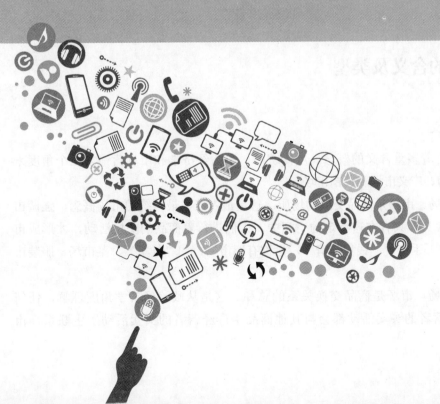

引导案例

流水声音卖高价

费涅克是一名美国商人。在一次休假旅游中，小瀑布的水声激发了他的灵感。他带上立体声录音机，专门到一些人烟稀少的地方逛。他录下了小溪、小瀑布、小河流水、鸟鸣等声音，然后回到城里复制出录音带，高价出售。想不到他的生意十分兴隆，尤其买"水声"的顾客川流不息。费涅克了解到许多城市居民饱受各种噪声干扰之苦，却又无法摆脱。这种奇妙的商品，能把人带入大自然的美妙境界，使那些久居闹市的人暂时忘却尘世的烦恼，还可以使许多失眠者在水声的陪伴下安然进入梦乡。

营销启示：

留心处处皆商机。在我们抱怨生意难做之时，却有无数的商机在我们身边溜走或等待我们去发掘。发掘新的商机，比跟在别人后面亦步亦趋更具发展前景，因为谁是新商机的发现者，谁就是市场的独占者，没有竞争，任君驰骋。不过，要强调的一点就是，只有在需求存在时，营销创新才能构成新的商机，否则一文不值。

1.1 市场的基本概述

1.1.1 市场的含义及类型

1. 市场的含义

市场是一个有着多重含义的概念，从传统的、政治经济学和市场营销学三个角度来分，分为狭义市场、广义市场和营销市场。

（1）狭义市场。市场是商品交换的场所。这是最古老、最传统的市场概念，强调市场的特定空间的含义，只有在这特定的空间中，人们进行着商品的交换活动，才形成市场。"一手交钱，一手交货，钱货两清"，也称有形市场，如"赶集"、菜市场、服装市场等。

（2）广义市场。市场是商品交换关系的总和。这是从政治经济学角度理解，任何一个商品生产经营者的买卖活动都会与其他商品生产经营者的买卖活动发生联系，市场是商品生产者、中间商、消费者（用户）交换关系的总和。随着经济的发展，目前市场除了有形市场还包括无形市场，如劳动力市场、技术市场、货币市场以及网络市场等。

（3）营销市场。市场是消费者需求。这是从营销学角度理解和分析某种商品需求总量的概念。从营销学角度对市场下定义，市场是指具有特定的需求或欲望，而且愿意并且能够通过交换来满足这种需求和欲望的，所有实际的和潜在的购买者需求总和。从定义可知消费者需求又有现实需求和潜在需求之分。

这一定义还可以用公式来表示：

$$市场 = 人口 + 购买力 + 购买欲望$$

人口既决定市场的有无，又决定市场的大小；购买力不仅决定企业面对的市场类型，如高端市场还是低端市场，同时还决定市场规模的大小；购买欲望决定企业的市场是否真正存在。人口、购买力、购买欲望就是通常所说的构成市场的三个要素，三者相互制约，缺一不可。只有三者有机地结合起来，才能构成完整的、现实的市场，才能决定市场的规模和容量。

2. 市场的类型

市场分类的标准和方法很多，目前主要有以下几种分类方法：

（1）按流通区域划分，市场可分为国内市场和国际市场，如亚洲市场、北美市场、欧洲市场；北方市场和南方市场等。

（2）按经营的商品特点划分，市场可分为生产资料市场、消费资料市场、劳务市场、技术市场、金融市场和信息市场等。

（3）按竞争程度划分，市场可分为完全竞争市场、完全垄断市场、垄断竞争市场、寡头竞争市场。

① 完全竞争市场。这种市场表现为：a. 存在大量的买者和卖者，价格由整个市场来决定；b. 市场是公平竞争的，不存在垄断利益；c. 资源是自由流动的；d. 买者与卖者都平等地占有市场信息，如农贸市场等。

② 完全垄断市场。它是指一个行业中只有一家企业或一个生产者。如我国电力市场由中国电网公司垄断。

③ 垄断竞争市场。它是指在一个行业中有很多卖者，他们都以自己的方式来向市场销售同一种产品。如大部分日用品市场等。

④ 寡头竞争市场（也称寡头垄断市场）。它是指同一行业里面只有少数几家企业，或者说有很多企业，但其中几家控制了绝大部分的生产量或销售量，如汽车市场。

（4）按商品流通环节划分，市场可分为批发市场和零售市场。

（5）按购买者的目的划分，市场可分为消费者市场、生产者市场、转卖者市场和政府市场。

> **小知识**
>
> ● 法律禁止交易的东西：
>
> 　人、人体器官、人的生命；毒品；赌品；封建迷信用品；武器弹药；公共权力等。
>
> ● 社会舆论限制交易的东西：
>
> 　伦理、道德、良心等。

3. 当代市场的特征

在市场经济条件下，当代市场发展有着全球化、知识化的趋势，我国企业必须勇敢地面向市场，了解市场，适应市场，才能求生存求发展。

（1）市场的科技化。市场的科技化是当代市场发展的一个趋势。随着科学技术的发展，各种新产品、新材料、新能源、新服务、新理念、新技术等，极大地改变了人们的社会生活方式、生产方式和思维方式，改变了市场的流通与配置。随着科技的进一步市场化，科学技术成为第一生产力，它直接表现为经济增长的活力源泉。因此，我国企业应实行科技型营销战略。一方面，在生产过程中引入新的科技成果，增加产品的科技含量；另一方面，在营销过程中，采用先进的营销手段，实现市场营销过程的科技化。

（2）市场的国际化。随着经济发展的全球化，势必造成市场的国际化。许多发达国家十分重视跨国公司的发展，许多跨国公司积极开展跨国生产和跨国营销，其资产和销售额已远远超过世界上绝大多数国家的国民生产总值，这是发达国家充分利用市场国际化的结果。因此，我国企业应组建一批超大型的跨国公司，扩大市场规模，增加市场竞争实力，参与国际市场，推动中国和世界市场的一体化，提高在国际市场上的竞争能力和水平。

（3）市场的标准化。市场标准化是当代市场发展的一个基本趋势，"无规矩，不成方圆"，只有制定必要的市场标准，如产品的设计标准、安全卫生标准、计量标准、质量标准、服务标准、合同标准等，才能建立一个正常有序的市场。因此，我国企业应该充分认识这一点，尽快与国际市场惯例、市场法规等市场标准接轨，用标准来约束自己的市场行为，以适应不断规范的国内外市场。

（4）市场的替代化。随着产品的市场生命周期日益缩短，市场上的产品替代速度日益加快，市场的替代化特征已非常突出。例如：第二次世界大战后，美国市场上天然气和石油代替煤；汽车货运代替铁路和轮船运输；地下输油管运输代替油罐和轮船运输石油和石油产品等。因此，我国企业应进行市场创新，开发新产品，开辟新市场，促进企业产品更新换代。

（5）市场的高级化。科技的快速发展，推动了生产的高级化。生产的高级化，必将造成消费的高级化和市场的高级化。当前，西方发达国家，正悄悄地转移其落后产品，限制低级市场的发展，不断营造市场的高级化，其目的在于从中获得高效益、高回报。因此，我国企业应高瞻远瞩，大胆开发新的市场，逐步把目前的"世界加工厂"提升为未来的"世界研发制造中心"，推动中国市场的高级化，不断提升中国企业的市场形象。

（6）市场的软化。市场的知识化、信息化、无形化统称为市场的软化。它们无时无刻不影响着整个市场。企业要重视现代商品的知识价值、美学价值、商誉价值、形象价值、服务价值、心理功能价值等无形价值，并采取相应的手段，例如手机市场，我国国产手机销量不如国外品牌手机的销量，并非国产手机硬件不过关，而是软件存在差距。因此，企业应高度重视产品的设计、包装、商标、广告、服务、形象等一系列相关的软价值，创中国名牌，提高产品的附加值。

（7）市场的绿化。实现商品生产及其市场营销的无污染化、无害化、清洁化等称为市场的绿化。如清洁生产、清洁包装、清洁销售、清洁运输和清洁消费。许多国家大力开展绿色生产和绿色营销，消费者也非常重视绿色消费。因此，我国企业应树立市场绿化的新观念，积极开发绿色产品，提倡绿色消费，树立环保绿色的企业形象。

1.1.2 市场营销的含义及相关概念

1. 市场营销的含义

市场营销由英语Marketing翻译而来，现实中对市场营销的含义的理解仍有许多误区。许多人将营销仅仅理解为生产之后的推销与广告宣传过程。然而，推销和广告是市场营销的工作内容，但并不是最重要的部分。许多中外学者对市场营销有过多种定义，我们把其核心组合起来，形成了市场营销的含义：市场营销是企业以顾客需要为出发点，通过一系列商务经营活动，把商品和服务整体地销售给顾客，以尽可能满足顾客需求和实现企业自身目标。现代市场营销活动示意图如图1-1所示。

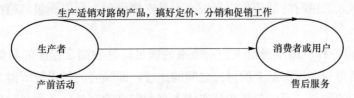

图1-1 现代市场营销活动示意图

市场营销定义的三个要点：

（1）市场营销的出发点和终点是消费者或用户需求。

（2）市场营销的手段是一系列商务活动，包括市场调查、选择目标市场、产品开发、产品定价、渠道选择、产品促销、产品储存和运输、产品销售、售后服务等。

（3）市场营销的目标是满足顾客需要和实现企业目标。

2. 市场营销的相关概念

为了进一步理解市场营销的含义，必须探讨与市场营销相关的一些概念。其中主要有：需要、欲望和需求；产品和价值；商品交换和交易；市场和营销管理。

（1）需要、欲望和需求。

营销开始于人们的需要和欲望，即人的需要和欲望是市场营销的出发点和基础。

① 需要是指人类没有得到某些基本满足的感受状态。人们为了生存，需要食物、衣服、住所、安全感、尊重和其他一些东西。这些需要存在于人本身生理需要和心理需要中，是营销者不能创造的。如饥饿、口渴、渴望知识等。

② 欲望是指人类为了满足某些需要，想得到某种东西的愿望，也叫动机。当需要变成具体时，便成了欲望。如饥饿时，想得到面包或大餐；口渴时，想得到矿泉水、饮料；渴望知识，想上学或自学。

③ 需求是指人们愿意并有能力购买某种商品或服务的欲望。当人们有购买能力时，欲望便转化为需求。许多人都想要宝马汽车，但只有一部分人有购买能力并愿意购买。一个人可能会有无限的欲望，却只有有限的财力。因此，企业不仅要调查有多少顾客喜欢本企业的产品，更重要的是要了解有多少顾客真正愿意购买并且有能力购买。营销者最重要的任务就是分清顾客的购买力层次，生产适销对路的产品，来最大限度地满足顾客的需求。如宝马汽车有不同的价位、不同的档次。因此，市场营销的实质就是不断开发潜在的需求，并努力满足顾客的这种需求。

（2）产品和价值。

① 产品是指能够用以满足人类某种需要或欲望的任何东西。人类靠产品来满足自己的各种需求和欲望，并用产品和服务区分实体产品和无形产品。对于企业来说，企业提供的产品必须与购买者的欲望相吻合，否则很难取得市场营销成功。

例如：美国通用电气公司在20世纪60年代将其在欧美非常畅销的家用面包烤箱推向日本市场，但销路不佳，市场反应非常冷淡。这是因为虽然日本人与美国人一样饥饿了需要吃东西，但日本人饥饿时的欲望是吃米饭而不是吃烤面包，所以面包烤箱在日本市场销路不佳。

② 价值是指一种产品本身给人们所带来的满足。这种满足程度的高低取决于顾客在某种产品上的所得与在该产品上的付出之间的比较，即顾客的付出与所得之间的比率。顾客从产品中得到的利益，不仅包括产品实体本身所带来的利益，还包括服务利益、人员利益和形象利益；顾客为产品所付出的成本，不仅包括货币成本，还有时间成本、精力成本和体力成本等。因此，顾客是在利益与成本的比较中，判断不同产品的价值大小，营销者应通过增加利益、降低成本来提高产品带给顾客的价值。

（3）商品交换和交易。

① 交换是指通过提供某种物品（或劳务）作为回报，从他人那里取得自己所需要的物品（或劳务）的行为。市场营销的目的是实现交换，满足顾客需求。因而企业与顾客的

关系首先是一种交换关系。交换的发生必须同时符合以下的条件：第一，存在买方和卖方；第二，有可供交换的商品或劳务；第三，具备双方都能接受的交易价格和其他条件；第四，买卖双方都能按自己的意愿与对方进行交换；第五，交易目的和行为要符合交易规范。因此，交换是十分复杂的过程，并非一次性的活动，双方都认为自己在交换以后会得到更大的利益时，交换才会真正发生。

② 交易是指买卖双方等价值的交换，包括货币交易和实物交易。从营销实现交换的观点上来看，企业与顾客之间的关系也是一种交易关系。因此，交换是指一个过程，而交易是指一次性的活动，它随着交换协议的达成而产生。交易是交换活动的度量单位，它与交换是两个不同的概念。

（4）市场和营销管理。

从某种意义上说，市场也是市场营销的重要概念，脱离市场的营销活动必然导致失败，只有围绕市场开展的营销活动才能取得成功。市场的相关知识在前面已经讲述过，在这里就不再探讨。

在市场上企业为实现交换活动，满足顾客的需求，而需要相当的工作经验和技巧，同时也需要企业内部的相互分工和合作，从而产生协调，而协调就需要管理。营销管理是为了实现各种组织目标，创造、建立和保持与目标市场之间的有意交换和联系而设计的方案的分析、计划、执行和控制的管理活动。营销管理要针对不同的需求状况，进行市场细分、选择目标市场、进行市场定位等，然后，执行这些营销任务以实现企业的使命和目标。

1.2 营销观念

引导案例

如何把鸡蛋竖起来

一次，朋友在哥伦布家中做客，对他发现新大陆一事有人高度评价，有人则不以为然。哥伦布起身到厨房拿出一个鸡蛋对大家说："谁能把这个鸡蛋竖起来？"大家一哄而上，这个试试，那个试试，结果都失败了。怎么办？哥伦布说："看我的。"然后他把鸡蛋一头敲破，鸡蛋就竖起来了。朋友不服气："你把鸡蛋都敲破了，当然能够竖起来。"哥伦布："可是在这之前你们怎么谁都想不到呢？"过去讽刺哥伦布的人，脸一下子变得通红。

> **营销启示：**
> 营销的创新与哥伦布发现新大陆一样，结果出来后人们会评头论足，但是在这之前却没有想到这一点，没有人去突破。所以要努力研究营销规律，创造新的方法，而不要管他人怎么说，你只要能打动你的顾客就行了。

1.2.1 营销观念概念

营销观念是企业开展营销活动的指导思想，即企业在开展营销活动中，处理自身、顾客和社会之间利益关系的态度和思想。任何企业的营销管理都是在特定的指导思想或观念下进行的，指导思想正确与否决定企业的兴衰成败。它的核心问题是：在不同的市场环境下，以"什么"为中心来开展企业的生产经营活动？传统的营销观念包括生产观念、产品观念和推销观念；现代的营销观念包括市场营销观念和社会营销观念。

1.2.2 传统营销观念

1. 生产观念

生产观念是以生产为导向，企业一切以"生产"为中心，强调"以产定销，以量取胜"的一种市场观念，其经营中心思想表现为"企业生产什么，顾客就买什么"。这是一种重生产、轻市场的观念。

市场形势：这种营销观念是在卖方市场的条件下形成的，市场供不应求。19世纪末20世纪初，大多数资本主义国家处于工业化初期，社会生产力水平低下，市场需求持续增长，产品供不应求，因此，企业的任务是集中力量提高企业生产效率，增加产量，降低成本，获取利润。

例如，福特汽车公司1908年开始生产T型汽车，后来发明了流水线生产技术，采取大量生产，从而使生产成本大幅下降，市场份额迅速提高。该公司的创始人亨利·福特先生当时宣称"不管顾客需要什么颜色的汽车，我只生产黑色的"。言下之意为"你爱买不买"，这是生产观念的典型表现。

再如，我国在长期的计划经济体制下，物资贫乏，产品供不应求，那时工商企业都是在生产观念的指导下开展经营的。

2. 产品观念

产品观念是以生产为导向，企业一切以"质量"为中心，强调"以质取胜，物美价

1.2 营销观念

廉"的一种市场观念，其经营中心思想表现为"企业只要不断改进和提高产品的质量，做到物美价廉，消费者和用户就会更多购买企业产品"。这是一种重产品质量、轻顾客需求的观念。

市场形势：在20世纪20年代卖方市场向买方市场过渡时期，竞争日益激烈，虽然产品仍供不应求，但顾客购买行为更趋于理性化，对产品结构提出新的要求。因此，企业更为关注的中心问题由产品产量转向产品质量和功能。

例如，"酒香不怕巷子深"是典型的产品观念。

3. 推销观念

推销观念是以生产为导向，企业一切以"推销"为中心，强调"推销技巧"的一种市场观念，其经营中心思想表现为"企业努力推销什么产品，顾客就会更多购买什么产品"。这是一种重推销技巧，忽视顾客需求的观念。

市场形势：20世纪30—40年代，随着科学技术的进步以及科学管理和大规模生产的推广，西方资本主义社会进入了产品过剩的时代，买方市场逐渐形成。尤其在1929年爆发了世界经济危机，大量产品积压，许多企业倒闭，竞争加剧。因此，企业意识到要努力把企业产品推销出去，自己才能生存和发展。

例如，20世纪30年代，当时在美国市场汽车已供过于求，福特汽车公司开始讲究推销技巧，主动介绍各种汽车质量、性能和特色等，以达到销售目的。

1.2.3 现代营销观念

1. 市场营销观念

市场营销观念是以消费者需求为导向，以消费者需求为中心，强调企业的一切活动都围绕满足顾客的需求来进行，其经营中心思想表现为"顾客需要什么，企业就应该生产什么"。这是一种重顾客需求的观念。

市场形势：20世纪50—70年代，资本主义国家的社会生产力迅速发展，产品供过于求，竞争激烈，买方市场已全面形成，同时消费者需求发生很大变化，向多样化、层次化发展。因此，企业开始意识到必须转变经营观念，以消费者需求为中心，才能求得生存和发展。

例如，20世纪50年代，福特汽车公司改变了营销观念，推出各种牌子、型号、式样和不同颜色的汽车，来满足不同顾客的需求。

又如，这一时期，许多企业遵循市场营销观念的指导思想，提出了许多人们耳熟能详的企业经营理念。如诺基亚说："科技以人为本。"飞利浦说："让我们做得更好。"海尔说："真诚到永远。"……至于"顾客至上""顾客是上帝""爱你的顾客而非产品"

等口号成了众多企业的座右铭。

> ● 顾客是本公司最重要的人,不论他们是亲临还是邮购。
> ● 不是顾客依靠我们,而是我们依靠顾客。
> ● 顾客不是我们工作的障碍,而是我们工作的目标。
> ● 我们不是通过为他们服务而给他们恩惠,而是顾客因给了我们为其服务的机会而给了我们恩惠。
> ● 顾客不是我们争辩和斗智的对象。从未有人会取得同顾客争辩的胜利。
> ● 顾客是把他们的欲望带给我们的人。我们的工作是为其服务,使他们和我们都得益。

2. 社会营销观念

社会营销观念统筹兼顾了企业利益、消费者利益和社会长远利益三者的平衡,它是以"企业利益、消费者利益和社会长远利益结合为中心"的营销观念。

市场形势:20世纪70年代以后,消费者主义运动兴起,市场营销观念开始受到抨击,一方面,给社会及消费者带来了利益,另一方面却造成环境污染、能源短缺,破坏了社会生态平衡。因此,企业必须认真审视先前的营销观念,并在节约能源、保护环境、控制人口等方面发挥作用。

例如,福特汽车公司第二任董事长、创始人老福特的孙子亨利·福特二世指出:"企业已经意识到,无论其行动多么合法和循规蹈矩,仅以盈亏作为衡量行动的准则是远远不够的。我们都必须自觉意识到国家的宗旨和目标,并且努力使企业的行为尽可能地适应公众的潮流。"所以节约能源、减少废气和噪声的环保汽车将很受欢迎。

又如,十多年前一次性快餐盒还被褒为"白色革命",今天它却作为"白色污染"出现在铁路沿线、汽车站、繁华商业街、各式食品店门口,白花花的一片已成为一种全球性的危害。现在,中国的有关企业刻苦攻关,终于研制成功了可降解的一次性快餐盒并投放市场,深受消费者的好评。

1.2.4 营销观念的发展

1. 绿色营销

绿色营销是指社会和企业在充分意识到消费者日益提高的环保意识,以及由此产生的对清洁型无公害产品需要的基础上,发现、创造并选择市场机会,通过一系列理性的营销手段来满足消费者以及社会生态环境发展的需要,实现可持续发展的过程。

1.2 营销观念

绿色营销的核心是按照环保与生态原则来选择和确定营销组合策略，是建立在绿色技术、绿色市场和绿色经济基础上的对人类的生态关注给予回应的一种经营方式。绿色营销不是一种诱导顾客消费的手段，也不是企业塑造公众形象的"美容法"，而是一个导向持续发展、永续经营的过程，其最终目的是在化解环境危机的过程中获得商业机会，在实现企业利润和消费者满意的同时，达成人与自然的和谐相处、共存共荣。

2. 品牌营销

品牌营销，简单地说，就是把企业产品的特定形象通过某种手段深刻地留在消费者的心中。品牌营销是指企业利用消费者的产品需求，用质量、文化和独特性的宣传创造品牌在用户心中的价值认可，最终形成品牌效益的营销策略和过程。品牌营销是通过市场营销，运用各种营销策略使目标客户形成对企业品牌和产品、服务的"认知—认识—认可"的过程。品牌营销从深层上来说，是把企业的形象、知名度、良好的信誉等展示给消费者或者顾客，从而使顾客和消费者在心目中形成对企业产品或者服务的品牌形象。

著名品牌专家翁向东认为："品牌营销的关键点在于为品牌找到一个具有差异化个性、能够深刻感染消费者内心的品牌核心价值，它让消费者明确、清晰地识别并记住品牌的利益点与个性，是驱动消费者认同、喜欢乃至爱上一个品牌的主要力量。"

3. 文化营销

文化营销是一个组合概念，简单地说，就是利用文化力进行营销，是指企业营销人员及相关人员在企业核心价值观念的影响下形成的营销理念，以及塑造的营销形象，是两者在具体的市场运作过程中形成的一种营销模式。

企业卖的是什么？麦当劳卖的仅仅是面包加火腿吗？答案是否定的，它卖的是快捷、时尚、个性化的饮食文化。中秋节吃月饼吃的是什么，人们难道吃的只是它的味道吗？不是，吃的是中华民族的传统文化——团圆喜庆。端午节吃的是粽子吗？不是，我们是在纪念屈原——吃的是历史文化。过生日吃的是蛋糕吗？也不是，吃的是人生的希望与价值。

总之，通过以上例子可以看到，在产品的深处包含着一种隐性的东西——文化。企业向消费者推销的不仅是单一的产品，产品在满足消费者物质需求的同时还向其提供了精神上的愉悦，进而给其以文化上的享受，满足他们高品位的消费。这就要求企业转变营销方式，进行文化营销。

4. 关系营销

关系营销是把营销活动看作一个企业与消费者、供应商、分销商、竞争者、政府机构及其他公众发生互动作用的过程，其核心是建立和发展与这些公众的良好关系。

5. 网络营销

网络营销是指基于互联网平台，利用信息技术和工具满足企业与客户之间交换概念、产品、服务的过程，通过在线活动的创造、宣传、传递客户价值，并且对客户关系进行管理，以达到一定营销目的的新型营销活动。企业内部网与互联网联结起来，即构成网络营销应用系统。

网络营销的功能有以下几方面：推广企业形象与经营理念；推广产品与发布信息；与客户进行在线交易；利用网络搜集各种信息；提供多元化的客户服务。

6. 新媒体营销

新媒体营销是借助网络杂志、博客、社会性网络服务（Social Networking Services，SNS）、简易信息聚合（Really Simple Syndication，RSS）、维基（Wiki）、微博、微信等新兴媒体，对受众进行广泛且深入的信息发布，让其参与具体的营销活动的一种营销方式。例如，利用博客所完成的话题讨论，请博主就某一个话题展开大讨论，从而扩大企业想要推广的主题或品牌的影响范围。

本章小结

当代市场显现出具有科技化、国际化、标准化、替代化、高级化、软化、绿化等特征。市场营销者应以顾客需要为出发点，通过一系列商务经营活动，尽可能满足需求，实现目标。特别是要树立正确的营销观念，以适应环境，捕捉市场机遇，实现企业营销目标。

课后练习

一、主要概念

市场、潜在需求、市场营销、需要、欲望、需求、交易、市场营销观念。

二、判断题

1. 市场营销就是企业的销售活动。　　　　　　　　　　　　　　　　　　（　　）
2. 所谓的社会营销观念就是以消费者需求为中心的观念。　　　　　　　　（　　）
3. "好酒不怕巷子深"是完全符合现代市场营销观念的。　　　　　　　　（　　）
4. 福特汽车价廉物美，其创始人曾对建议其生产彩色汽车的人说："不管顾客需要什么，我们生产的汽车就是黑的。"这是一种典型的产品观念。（　　）
5. 市场营销学中的市场就是指人们交易的场所。　　　　　　　　　　　　（　　）

1.2 营销观念

三、单项选择题

1. 在社会营销观念中所强调的利益是（　　）。
   A．企业利益　　　　　　　　　B．消费者利益
   C．社会利益　　　　　　　　　D．企业、消费者与社会的整体利益
2. 许多冰箱生产厂家高举"环保""健康"旗帜，纷纷推出无氟冰箱，它们所奉行的经营哲学是（　　）。
   A．推销观念　　B．生产观念　　C．营销观念　　D．社会营销观念
3. 最容易导致企业出现市场营销近视症的经营思想是（　　）。
   A．生产观念　　B．产品观念　　C．推销观念　　D．营销观念
4. 生产观念产生的条件是（　　）。
   A．买方市场　　B．卖方市场　　C．工业品市场　　D．消费者市场
5. 具有支付能力并且愿意购买某个具体产品的欲望是（　　）。
   A．愿望　　　　B．欲望　　　　C．需求　　　　D．需要

四、复习思考题

1. 当代市场有哪些特征，针对这些特征企业营销者的营销对策是什么？
2. 市场营销的研究对象是什么？
3. 简述市场营销观念的演变及其背景。
4. 市场营销传统观念和现代观念的最根本的区别是什么？为什么？

五、案例分析题

案例1：

张裕用心良苦做市场

烟台张裕集团有限公司的前身烟台张裕葡萄酿酒公司创办于1892年，至今已有107年的历史。它是中国第一个工业化生产葡萄酒的厂家，也是目前中国乃至亚洲最大的葡萄酒生产经营企业。其主要产品有白兰地、葡萄酒、香槟酒、保健酒、中成药酒和粮食白酒六大系列数十个品种，年生产能力8万余吨，产品畅销全国并远销世界20多个国家和地区。

一、百年张裕　历经坎坷创辉煌

1892年（清光绪十八年），著名华侨巨商张弼士先生在烟台创办张裕酿酒公司。张裕之命名，前袭张姓，后借"昌裕兴隆"之吉。经过十几年的努力，张裕终于酿出了高品质的产品。1915年，在世界产品盛会——巴拿马太平洋万国博览会上，张裕的白兰地、红葡萄、雷司令、琼瑶浆（味美思）一举荣获四枚金质奖章和最优等奖状，中国葡萄酒从此为世界所公认。

改革开放后，社会经济环境为其提供了前所未有的发展机遇。张裕产品凭借其卓越的品质，多次在国际、国内获得大奖，成为家喻户晓的名牌产品。然而，名牌不等于市场，虽然金字招牌对于张裕来说是一个极大的优势，但是，这个优势却不足以使张裕在市场上

所向披靡。在市场经济的头两年中，由于市场观念差，企业缺乏适应市场竞争的能力，盲目生产，等客上门，于是受到了市场的惩罚：1989年，张裕的产值较上一年下降了2.5%，产量下降了26.2%，6条生产线停了4条，1/4的职工没有活干，近一半的酒积压在仓库里，累计亏损400多万元，生存和发展都面临着严峻的挑战。关键时刻，张裕人积极反思失败的原因，努力摸索市场规律，下功夫钻研营销后，公司树立了"市场第一"的经营观念和"营销兴企"的发展战略，实现了两个根本性转变：一是企业由"销售我生产的产品"转变为"生产我销售的产品"，一切围绕市场转；二是由"做买卖"转变为"做市场"，从"推销"变成"营销"。这两个转变使企业的经营不再是单纯的生产和推销问题，而是以市场为导向的调研、决策、实施、监控的有机结合，在满足消费者利益的同时为企业创造最佳效益。在正确营销观念的指导下，企业1997年、1998年连续两年产销量、销售收入和市场占有率均高居同行业榜首；在1998年度全国产品市场竞争力调查中，荣获消费者心目中的理想品牌、实际购买品牌和1999年购物首选品牌三项第一。

二、群雄逐鹿　红酒市场竞风流

葡萄酒具有多种保健养生功能。葡萄发酵时能产生十几种人体所需的氨基酸，可以缓解氧化反应、清理动脉、防止动脉粥样硬化和其他心脏疾病。同时，葡萄酒还有助于消化，并含有丰富的维生素B1、B2、B6、B12和多种矿物质，可以使人容颜丰润。近几年来，随着国人饮食健康观念的增强，葡萄酒也因其本身所具有的多种保健功能备受青睐，其消费骤然升温，成为酒类市场的新宠。10多个国家的100多个洋品牌和400多个国内生产厂家和品牌在我国市场会聚，一竞风流，市场竞争的激烈程度可想而知。目前，国内葡萄酒生产年产量达万吨的企业已经超过20个，称得上葡萄酒生产巨头的企业只有张裕、长城、王朝3家。据统计，实力雄厚的3个企业的市场占有率分别为：张裕19.35%、长城16.09%、王朝15.57%。消费者对3个品牌的熟悉程度分别为张裕73%、长城35%、王朝30%；消费者最常喝的葡萄酒品牌张裕占43%、长城占19%、王朝占15%。其中我国驰名商标张裕葡萄酒是消费者最熟悉又最常喝的品牌。在经历了一场与洋酒的生死较量后，国产葡萄酒尤其是国产干红凭借其优良的品质和低廉的价格取得了实质性的胜利。据统计，1996年国内干红酒的消费近4万吨中，国产干红超过2万多吨，而洋品牌酒只有约1万吨。自1998年起，张裕、长城、王朝三家就占据了60%左右的市场份额，而野力、龙徽等十几种品牌则在第二梯队，占据了剩下的绝大多数市场份额。杂牌洋酒组装厂家、小企业、小作坊则生存艰难，几乎没有市场。1998—1999年，倒闭葡萄酒厂上百家。

三、培育市场　张裕用心良苦

1998年年底，张裕营销公司的市场调研部，在分析全国各地反馈回来的市场信息时发现，沿海地区和中西部城市的葡萄酒的终端消费者结构存在较大差异。沿海地区葡萄酒个人消费比例很高，市场销量比较稳定；中西部城市主要为公款消费（占70%以上），市场销量起伏也较大。同时对终端消费者的心理调查表明：沿海地区消费者

1.2 营销观念

看重的是葡萄酒的保健功能及文化品位,而中西部城市消费者则看重的是身份标志和时尚。这表明沿海地区的葡萄酒进入理性消费阶段,步入速度减缓的市场成熟期,而中西部城市则处在感性消费阶段,处在市场上升期。但因为我国葡萄酒的主要消费区域在沿海地区,故而可以推测:葡萄酒市场增长速度将放慢,张裕公司必须相应调整营销的策略,加大市场培育和开发的力度。张裕很清楚:与啤酒、白酒比,葡萄酒的市场规模实在太小,整个产业的市场规模不到100亿元。现在平均每个中国人葡萄酒年消费量只有0.3升①,是世界平均水平的1/20。而国人以白酒为主的酒类消费习惯是历史发展中逐渐形成的,是中国饮食业的一大特色,短期内很难改变,引导消费须下大功夫。假如每个中国人每年消费两瓶葡萄酒(1.5升),那么就需要195万吨葡萄酒,市场规模即可达到780亿元。这表明中国葡萄酒市场还存在着巨大的发展空间,关键在于市场的培育和开拓。

为了培养消费者,张裕着力于"沟通"。受价格因素限制,经常性的葡萄酒消费者,主要是中高收入阶层,另外,行政管理层人士也是不可忽视的主流消费群;偶尔性消费者,则以年轻人为主。张裕沟通的主要对象就是这些人,即将经常性消费者巩固下来,让偶尔性消费者逐渐转向经常性消费者,同时开拓新的大量新生性消费者。针对不同的消费层次,它们采用了不同的沟通方式。对经常性消费者而言,张裕通过一系列目标明确的整合传播,主要展示葡萄酒的健康、自然及其文化内涵——葡萄酒的品位和格调。它们通过对经常性消费者主要的信息来源,如高品位杂志、体育节目、酒店等,进行"润物细无声"的文化渗透,提高葡萄酒在这些消费者心目中的亲和力,同时通过一系列品牌策略,树立起张裕东方红酒经典形象,以"传奇品质,百年张裕"作为主题,使葡萄酒的系统传播得到了较好的效果。对偶尔性消费者而言,张裕则侧重于葡萄酒本身的时尚色彩,通过对大众传媒的控制性传播,传达各种葡萄酒的时尚资讯,营造出一种氛围,即把葡萄酒作为一种身份的象征进行推广,使其成为时尚潮流中一部分。如在报纸上开辟醒目的葡萄酒消费专栏,在电视台黄金时间插播葡萄酒的各类专题,举办各种葡萄酒知识讲座等。通过日积月累的渗透式传播,让消费者开始树立这么一种心态:选择葡萄酒就是在选择一种更好的生活方式。事后的调查表明:很多消费者都受到了这种传播的影响,并逐渐喜欢上了葡萄酒。

从1998年起,张裕通过一个声势巨大的全国性活动——在全国各地举行的"中国葡萄酒文化展"为其找到了很多新生性消费者。百年张裕有着深厚的文化底蕴,中西合璧的张裕在市场开拓中越来越强调一种文化认同,即强调自己的东方个性。基于中国传统文化的"中国葡萄酒文化展",利用大量的图片和史实,详细介绍了中国葡萄酒2 000多年的悠久历史。新千年,张裕对1999年市场的预测得到了证实,葡萄酒开始进入消费平台期。但整个张裕仍然保持了很好的发展势头,销售收入超过13.61亿元,比1998年上升了36%。在2000年张裕的营销策略中,最核心的部分仍然是:培育市场,培养消费者,且一如既往

---

① 1升=1立方分米。

地"用心良苦"。张裕表示：这种培育市场的工作他们将一直做下去，力争在未来两年内把销售网络延伸到县一级，市场占有率再提高10个百分点。

问题：

（1）张裕公司是在什么情况下转变观念的？转变为什么营销观念？

（2）结合案例分析，掌握现代市场营销观念有什么重要意义？

第二章 市场营销环境

教学目的要求：
1. 能掌握市场营销环境的概念。
2. 能列举微观营销环境、宏观营销环境的基本内容。
3. 能理解市场营销环境的特点。
4. 能应用马斯洛需要层次理论。
5. 能列举影响消费者购买行为的因素。
6. 能进行消费者购买行为的分析。

教学重点难点：
1. 营销环境对市场营销的影响。
2. 消费者购买行为分析。
3. 马斯洛需要层次理论在市场营销中的应用。

2.1 营销环境分析

引导案例

冻鸡出口

亚洲一家冻鸡出口商曾向阿拉伯国家出口冻鸡，他们把大批优质鸡用机器屠宰好，收拾干净，装船运出（包装时鸡的个别部位稍带点血）。当出口商正盘算下一笔交易时，不料这批货竟被退了回来。出口商迷惑不解，便去了解退货原因，结果不是质量有问题，而是加工方法犯了阿拉伯国家的禁忌。阿拉伯国家人民信仰伊斯兰教，规定杀鸡只能用人工，不许用机器；杀鸡要把鸡血全部洗干净，否则便认为不吉利。这样，出口商的冻鸡虽好但也难免遭遇退货的厄运。

营销启示：

该冻鸡出口商因为忽视了营销环境而失去了阿拉伯市场。

企业营销活动既要受自身条件的制约，也要受外部条件的制约。企业营销人员只有注重和研究企业内外营销环境的变化，把握环境变化的趋势，制定并不断调整营销策略，才能更好地寻找市场营销机会，避开市场环境威胁，在竞争中立于不败之地。营销环境既是不可控制的，又是不可超越的因素。

2.1.1 市场营销环境的概念

1. 市场营销环境的概念

市场营销环境是指影响企业市场营销活动及其目标实现的各种因素和动向。根据营销环境对企业营销活动发生影响的方式和程度，可以将市场营销环境分为两大类，即直接营销环境和间接营销环境。

所谓直接营销环境又称微观营销环境，是指与企业紧密相连，直接影响企业营销能力的各种参与者，包括企业本身、供应商、营销中介、顾客、竞争者以及社会公众。所谓间

2.1 营销环境分析

接营销环境又称宏观营销环境,是指影响微观营销环境的一系列巨大的社会力量,包括人口、经济、政治法律、科学技术、社会文化及自然生态等因素。

2. 市场营销环境的特点

(1) 客观性。市场营销环境是不以营销者意志为转移的因素,对企业营销活动的影响具有强制性和不可控制的特点。也就是说,企业营销管理者虽然能认识、利用营销环境,但无法摆脱环境的制约,也无法控制营销环境。因此企业要善于适应环境的变化,适者生存,不适者淘汰。

(2) 差异性。不同的国家或地区之间,宏观环境存在着广泛的差异性,不同的企业,微观环境也千差万别。因此企业为适应不同营销环境,必须采用不同特点和针对性的营销策略。

(3) 多变性。市场营销环境是一个动态的系统。影响营销环境的诸因素又受众多因素的影响,每一环境因素都随着社会经济的发展而不断变化。营销环境的变化,可能给企业带来机会,也可能给企业带来营销威胁,因此企业要关注和研究不断变化的环境,及时调整营销策略,努力寻找市场营销环境机会,避开市场营销环境威胁。

(4) 相关性。市场营销环境各种因素之间,相互影响,相互制约,其中某一因素的变化会影响其他因素的相互变化,形成新的营销环境。如在第十届全国人民代表大会上,国家提出了解决"三农"问题,相继制定了加强农业建设的一系列方针政策,这势必影响农业产业结构的调整,拉动农业投资,并为农业发展提供新的机遇。

3. 市场营销环境分析的作用

(1) 市场营销环境分析是企业市场营销活动的立足点和根本前提。企业市场营销的目的是不断满足消费者需求,从而使企业获得最好的经济效益和社会效益。企业通过深入细致的调查预测分析市场营销环境,可以正确、及时地把握消费者需求,为消费者提供适销对路的产品和服务,最终实现企业的营销目标。

(2) 市场营销环境分析有利于企业发现新的市场机会,避开市场环境威胁。对于企业而言,不断变化的营销环境可能给企业带来机会,也可能给企业带来营销威胁。企业能否通过市场营销环境分析抓住有利于企业发展的机会,规避或减轻不利于企业发展的威胁,成为市场营销环境分析极其重要的课题。因此,企业要客观认真地分析市场营销环境,善于抓住营销机会,化解威胁,使自身不断发展。

(3) 市场营销环境分析有利于企业制定和调整营销策略及战略。企业营销活动受制于客观环境因素,必须与所处的营销环境相适应。但企业在环境面前绝不是无能为力,束手无策的。相反,企业通过市场营销环境分析,可以及时调整和制定新的营销战略及策略,主动适应环境的变化,发挥优势,克服劣势,更好地实现市场营销目标。

2.1.2 微观环境分析

1. 企业内部

从市场营销角度看，企业由最高管理层、市场营销管理部门和其他职能部门构成。企业为了实现营销目标，必须使人力、物力、财力等资源实现最佳配合，并不断满足消费者需求。因此市场营销职能部门要与其他职能部门（财务、采购、制造、研究与开发等）密切协作、共同制订发展计划，还要考虑最高管理层制定的企业任务、目标、战略和政策，在高层管理部门规定的职责范围内做出营销决策，并报最高管理层批准执行。

2. 供应商

供应商是向企业及竞争对手供应各种所需资源的企业和个人（包括提供原材料、设备、能源、劳务和资金等企业和个人）。供应商既是商务谈判的对手，更是合作伙伴。选择供应商时，营销人员必须对供应商的情况有比较全面的了解和透彻的分析。对供应商选择的标准是：首先，供应商的资质情况；其次，供应要素的规格；最后，产品质量、信贷条件、担保和成本的组合条件，还有售前售后服务。企业必须与供应商建立良好的合作关系，及时了解供应商的变化和动态。

3. 营销中介

营销中介是指为企业营销活动提供各种服务的企业或部门的总称。包括中间商、物流公司（后勤服务公司）、营销服务机构（广告、咨询）和金融机构（财务中介机构）。

（1）中间商。中间商包括商人中间商和代理中间商。商人中间商是从事商品购销活动，并对所经营的商品拥有所有权的批发商、零售商等。代理中间商是专门介绍客户或协助商订合同并取得佣金但不取得商品所有权的中间商。中间商在企业的营销活动中起着十分重要的作用，它帮助企业寻找顾客并直接与顾客进行交易，从而完成产品从生产者向顾客的转移。除非企业建立自己的销售渠道（自销），否则中间商销售效率的变化及其他任何变动都会对产品从生产领域向消费领域的流动产生非常巨大的作用。因此，企业应保持与中间商的良好关系。

（2）物流公司。物流公司是协助企业储存产品并把货物运送至目的地的仓储公司，包括仓储、运输等的专业公司。仓储公司提供的服务是必不可少的，可以是为已经生产出来的产品提供服务，也可以是为原材料及零部件提供服务，还可以是为其他业务提供服务。运输涉及公路、铁路、水运和空运，它将影响产品的价格、准时到货的执行和运输损耗等情况。因此企业主要通过权衡成本、速度效率和安全等因素来选择成本效益最佳的物流公司。

（3）营销服务机构。营销服务机构是协助企业推出并促销其产品到恰当的市场的机

2.1 营销环境分析

构,包括各种市场营销研究机构、营销咨询公司、广告公司等。这些机构提供的专业服务也是企业营销过程中必不可少的。有的大企业能够自己承担这些机构的业务,但是对于大多数中小企业来说,这些机构是非常必要的。企业在利用这些机构时,关键是要选择出最能适合本企业并能有效提供所需服务的机构为它服务。

（4）金融机构。金融机构包括银行、信用公司、保险公司及其他协助融资或保障货物的购买与承担销售风险的公司。这些机构主要为企业的营销活动提供资金、保险等业务。在现代化的社会里,金融机构是绝对必需的,企业都要与金融机构建立一定的联系和开展一定的业务往来,银行的贷款利率上升或是保险公司的保费率上升都会影响到企业的营销活动。为此,企业应与这些公司保持良好的关系,以保证融资及信贷业务的稳定和渠道的畅通。

4. 顾客

顾客是企业服务的对象,企业的营销活动以满足顾客的需求为中心。顾客是企业最重要的环境因素。顾客需要是影响组织营销活动最重要的因素,是营销活动的出发点和归宿点。企业只有努力提高顾客的满意度,才能实现自身的发展。顾客的范围十分广泛,顾客市场按购买者的特点可分为如下五类：

（1）消费者市场。消费者市场是指个人或家庭为了生活消费而购买或租用商品或劳务的市场。

（2）生产者市场。生产者市场是指生产者为进行再生产（生产消费）而购买商品或劳务的市场。

（3）转卖者市场。转卖者市场是指批发商、零售商等中间商为了转卖获得利润而购买商品的市场。

（4）政府市场。政府市场是指政府和非营利机构为了提供公共服务（为了公共消费）而购买公用消费品的市场。

（5）国际市场。国际市场是指由国外的消费者、生产者、转卖者、政府机构等组成的市场。

上述各类市场都有其独特的顾客,有不同的需求,企业要为不同的顾客需求提供适销对路的产品和服务,并制定相应的营销策略。

5. 竞争者

敌人和朋友

美国总统林肯与政敌的态度引起了一位官员的不满,他们批评林肯不应该试图跟那些政敌做朋友,而应该消灭他们。

林肯十分温和地说:"难道我不是在消灭我的敌人吗？"

> 电影《英雄》中对"剑"的阐释有三种境界:一是手中有剑;二是手中无剑,心中有剑;三是手中无剑,心中也无剑,那便是"天下"!
>
> 敌人和朋友是相对的,如果一个敌人变成了朋友,不正是少了一个敌人吗?在销售市场上,竞争对手是相对的,如果相互之间通过联盟共同开拓市场,对于企业来说不但节省了大量的销售成本,而且市场空间也会变得更广阔。

竞争者是指向企业所服务的市场提供相同或类似商品或服务,并对企业构成威胁的企业或个人。企业必须准确地分析、深入地了解竞争对手,做到"知己知彼",才能获得竞争优势。从消费者需求角度来看,竞争者主要有以下四类:

(1)愿望竞争者。愿望竞争者是指提供不同产品以满足消费者各种目前愿望的竞争者。如先买车还是先买房子?车的制造商和房地产商就构成相互的愿望竞争者。

(2)平行竞争者。平行竞争者是指提供能够满足同一需求的不同产品的竞争者。如是买轿车、摩托车,还是自行车,这三种产品的生产经营商也就互相成为各自的平行竞争者。

(3)产品形式竞争者。产品形式竞争者是指生产同种产品,但提供不同规格、型号、款式的竞争者。如买轿车是买豪华型还是普通型,豪华型轿车和普通型轿车的生产经营商就成了产品形式竞争者。

(4)品牌竞争者。品牌竞争者是指产品相同,规格、型号也相同,但品牌不同的竞争者。如奔驰轿车和奥迪轿车。

6. 公众

公众是对企业实现其市场营销目标构成实际或潜在影响的团体。企业公众主要有7种类型。企业的营销活动能够影响周围公众的利益,周围公众也会影响企业的市场营销活动。所以,企业市场营销活动不仅要针对目标市场的顾客,而且要考虑社会公众的需要,与他们保持良好的关系。

(1)政府公众,是指与企业营销活动有关的政府机构,如行业主管部门、工商、税务和商检等部门。

(2)金融公众,是指影响企业融资能力的任何团体,如银行、投资公司、财务公司、证券公司等。

(3)媒介公众,主要是指那些具有广泛影响的大众媒体,如报纸、杂志、广播、电视、互联网等,这些团体对企业的声誉起着举足轻重的作用。

(4)群众团体,是指消费者组织、环境保护组织及其他群众团体。

(5)当地公众,是指企业所在地附近的居民和社区组织。企业要搞好与当地公众的关系,并为地方公益事业做出贡献。

(6)一般公众,是指社会民众和消费者。企业应在一般公众心目中建立良好的企业形象,即建立企业的"公众形象"。

（7）内部公众，是指企业内部的全体员工。企业要做好以人为本，经常沟通，并激励员工。

2.1.3 宏观环境分析

企业的宏观环境是指那些对企业造成市场机会和威胁的主要社会力量。如人口环境、经济环境、政治法律环境、自然环境、科技环境等。分析宏观营销环境的目的在于更好地认识环境，通过企业营销努力来适应社会环境及其变化，达到企业营销目标。

1. 人口环境

人口是构成市场的最基本条件。人口的多少直接决定市场的潜在容量，而且人口的地理分布、年龄结构、性别结构和家庭结构等会对市场需求产生巨大的影响，因此企业必须重视研究人口环境，抓住营销机会，避开营销威胁。

（1）人口数量。截至2005年6月，全世界的总人口已经达到65亿。目前，全球人口接近67亿。中国作为发展中国家之一，人口增长相当"可观"，截至2006年年底，中国人口已达到13.5亿人。

人口数量迅速增长，如果收入水平不变，那么衣食住行等方面的需求增加就会给这些行业带来营销机会。

但人口数量增长过快，经济收入水平跟不上，可能给企业带来营销威胁，一方面，人均自然资源占有量下降：淡水、耕地、森林、能源等问题尤为突出，给需要这些资源的企业带来营销压力。另一方面，"在岗失业"现象给企业带来了压力；而出现的社会治安混乱等一系列社会问题也给企业营销带来了环境威胁。

（2）人口结构。人口结构主要包括人口的年龄结构、性别结构、家庭结构、社会结构和民族结构。

① 年龄结构。按年龄结构划分，可分为幼儿、儿童、少年、青年、中年和老年。不同年龄的消费者对商品的需求不一样，青少年市场的需求主要包括服装、食品、音响设备、汽车、家庭旅游、大学教育等，而老年人用品市场则主要涉及药品、保健食品、老年文娱活动、休闲旅游等。我国儿童出生率呈下降趋势，儿童人数减少会给儿童市场带来威胁。但我国人口老龄化现象将越来越严重，所以"银发市场"将会兴旺。

② 性别结构。按性别结构划分，可分为男性、女性。市场上出现男性商品专卖和女性商品专卖。

③ 家庭结构。家庭规模呈现小型化趋势，户均人数减少，家庭数量不断增加，这必然引起以家庭为单位的商品需求增加，如家具、厨房用品、家用电器和住房等需求迅速增加。

④ 社会结构。我国农村人口约占总人口的70%，农民收入不断增加，农村市场仍是市场开拓的重点，尤其是一些中小企业，要注重开发物美价廉的产品满足农村市场需求，赢得营销机会。

⑤ 民族结构。我国有56个民族，各民族的需求有很大差别，所以企业要注意民族市场的营销，开发适合各民族特性的产品，赢得民族市场机会。

（3）人口地理分布。人口地理分布实质上是指人口在不同地区的密集程度。在我国，人口的地理分布是非常不均匀的。从黑龙江省的瑷珲到云南的腾冲画一条线，该线的西北约占全国总面积的64%，但人口却只占全国总人口的4%；而该线的东南，占全国总面积的36%的土地上却生活了96%的人口。我国人口地理分布的一个突出现象是，农村人口向城市流动，内地人口向沿海经济开发地区流动。人口的城市化和区域性转移会引起社会消费结构的变化和消费水平的变化，一方面，人口流入地区增加了市场信息需求量，给企业营销带来机会；另一方面，人口流入使某些行业的市场竞争加剧。

2. 经济环境

经济环境是指影响消费者购买能力和支出模式的因素，主要是指社会购买力，包括国民经济发展状况、消费者收入、储蓄和信贷的变化、消费结构的变化等。

（1）国民经济发展状况。经济发展水平的高低，直接影响企业的市场营销活动。如消费品市场，经济发展水平高的国家或地区，强调产品的款式、性能和特色，品质竞争多于价格竞争；而经济发展水平较低的国家或地区，则更加注重产品的基本功能和实用性，价格竞争仍是竞争的重要手段。

（2）消费者收入。消费者收入指标主要有个人总收入、个人可以支配收入、个人可以任意支配收入、货币收入和实际收入。

① 个人总收入是指个人从各种来源中所获得的全部收入，其中包括工资、奖金、津贴、助学金、退休金、红利、租金、赠予等。各地区居民收入总额，可以用于衡量当地消费市场的容量，人均收入的多少，反映了购买力水平的高低。

② 个人可以支配收入是个人总收入中减除税款和其他经常性转移支出后所余下的实际收入，即能够作为个人消费或储蓄的数额。它是营销中的决定因素。

③ 个人可以任意支配收入是个人可支配收入扣除维持生活必需的支出后所剩余的收入。它是影响消费需求变化的最活跃的因素，也是营销中企业争夺最为激烈的部分。这部分收入越多，人们的消费水平就越高，企业营销的机会也就越多。

④ 货币收入（名义收入）是指消费者在某一时期以货币表示的收入量，即消费者收入不考虑通货膨胀的收入。

⑤ 实际收入是指扣除通货膨胀影响后的收入。

个人收入决定个人购买力，是影响社会购买力、市场规模和消费者支出行为的重要因素。

2.1 营销环境分析

（3）储蓄和信贷的变化。消费者的购买力不但受消费者收入的影响，还受储蓄和信贷的直接影响。

居民储蓄是指城乡居民将可任意支配收入储存待用。储存的形式包括银行存款、购买债券、购买股票、购买保险、不动产和其他财产等。我国居民储蓄率相当高，国内市场潜量规模巨大。

消费者信贷是有一定支付能力的消费者向金融或商业机构融通资金的行为。它主要有短期赊销、分期付款、信用卡信贷等。它是一种购买力的提前，影响提供信贷的商品销售量。如住宅、汽车及高档耐用消费品，消费信贷可提前实现这些商品的销售。

消费观念

在天堂门口，两个异国老太太相遇了。上帝让她们各自说出自己一生最高兴的事情。

中国老太太高兴地说："我攒了一辈子的钱，终于住了一天新房子，我这一辈子活得也不冤啊。"美国老太太也高兴地说："我住了一辈子的房子，在我去世之前终于把买房的贷款还清了。"

您是"中国老太太"，还是"美国老太太"？

我国的许多消费者以往沉积下来的落后的消费意识，使其在消费能力有限的情况下不愿选择消费信贷，只能造成中国老太太式的悲哀。但是，潜在的需求是一种存量资源，可以通过宣传引导消费者，通过创新的消费观念获得消费者的认可，达到挖掘潜在需求的目的。

（4）消费结构的变化。随着消费者收入的变化，消费者的支出模式与消费结构也会发生相应的变化。

恩格尔定律表明，在一定条件下，当家庭收入增加时，各种消费的比例会相应增加，但用于购买食物的支出占家庭收入的比例将会下降，用于服装、交通、保健、教育、旅游等方面的开支占家庭收入的比例上升，用于住房、装修和家务经营的支出占家庭收入的比例大体不变。

恩格尔系数是食物的支出占家庭总支出的比重。

$$恩格尔系数 = （食物支出 \div 家庭总支出） \times 100\%$$

该系数$\geq 75\%$，意味着贫困；$75\% > $恩格尔系数$\geq 50\%$，意味着温饱；$50\% >$恩格尔系数$\geq 40\%$，意味着小康；$40\% >$恩格尔系数$\geq 20\%$，意味着富裕；恩格尔系数$< 20\%$，意味着富豪，如我国目前的恩格尔系数为45%，这说明我国处于小康社会。

3. 自然环境

自然环境是指能够影响社会生产过程的各种自然因素。营销活动要受自然环境的影响，也对自然环境的变化负有责任。企业营销者应当注重自然环境面临的难题和趋势，如

第二章 市场营销环境

很多自然资源短缺、环境污染严重、能源成本上升等,因此许多国家政府对自然资源管理的干预也日益加强。面对自然环境这些威胁,企业营销战略中必须实行生态营销、绿色营销等,以便赢得更多市场机会。

4. 科技环境

科学技术是第一生产力,是社会生产力的新的最活跃的因素。新技术是"创造性的毁灭力量",也就是说一种新技术的应用,可以为企业创造新产品,带来营销机会,也会淘汰传统产品,给企业带来营销威胁。如真空管→晶体管→大规模集成电路;复写纸→静电复印机;收音机→电视机;录音机→CD→VCD→DVD;模拟电话(大哥大)→数字电话(手机)。

科技环境对企业营销的影响是多方面的:

① 科学技术的发明和应用造就一些新的行业、新的市场,为某些行业提供了创新的机会,也为某些行业带来了威胁。

② 科学技术环境的发展和应用影响企业营销策略的制定。

③ 科学技术的进步,将会使人们的生活方式、消费模式和消费结构发生深刻的变化。

④ 科学技术的发展有利于改善企业经营管理,提高营销效率。

5. 政治法律环境

政治法律环境是指影响和约束企业营销活动的政治体制、政府方针和国家法律法规等。

政治法律环境对市场营销的影响主要有以下几个方面:

(1) 国家或地区政局变动对市场营销活动的影响。如战争、政变、暴乱、绑架、恐怖袭击、罢工等可能给企业营销活动带来损失和影响。

(2) 有关方针政策对市场营销活动的影响。如存款利率及贷款利率的调整给企业营销活动带来影响。企业应及时调整其市场营销组合策略和生产经营方向,以便更好地占领、转移和开拓新的市场,取得市场营销的成功。

(3) 有关法律法规对企业市场营销活动的影响。如保护各公司利益相互不受侵害的主要法律有:《中华人民共和国反不正当竞争法》《中华人民共和国反垄断法》《中华人民共和国专利法》《中华人民共和国商标法》;保护消费者利益免受不正当商业行为的损害的主要法律有:《中华人民共和国消费者权益保护法》《中华人民共和国产品质量法》《中华人民共和国价格法》《中华人民共和国广告法》;保护社会整体利益不受失去约束的商业行为危害的主要法律有:《中华人民共和国环境保护法》《中华人民共和国税法》《中华人民共和国票据法》《中华人民共和国公司法》等。在市场经济下,法律对保护和促进商品经济的发展起着重要的作用,企业营销人员必须熟悉相关的法律法规,以便取得市场营销机会。

6. 社会文化环境

社会文化环境是指一个国家、地区或民族的传统文化,通常由文化教育、价值观念、

2.2 消费者需求、购买动机及购买行为分析

审美、宗教信仰、消费习俗、行为方式、社会群体及其相互关系等内容构成，它是影响人们欲望和行为的重要因素。营销者必须全面了解社会文化环境，认真判断和分析消费者所处的社会文化环境，才能准确把握市场需求特点，更好地赢得市场机会。

（1）文化教育。文化教育程度不仅影响劳动者收入水平，而且影响消费者对产品的鉴别力。教育水平高的消费者，对新产品的接受能力较强，他们对商品的内在质量、外观形象、技术说明和服务都有较高要求；而教育水平低的消费者，对新产品的接受能力弱，他们喜欢简单方便的商品和通俗易懂的说明书。营销者对不同教育水平的消费者可以采取不同的营销策略。

（2）价值观念和审美观念。在不同的文化背景下，消费者的价值观念的差别是很大的；不同程度教育的人、不同年龄阶层的人，其审美观念的差别也是很大的。如对喜欢创新、强调个性、比较开放的消费者，企业应重视商品的创新、个性化和新奇等；对那些传统保守的消费者，企业可以把产品与文化元素结合起来。

（3）消费习俗。消费习俗是人们在长期经济与社会活动中所形成的一种消费习惯，不同的消费习俗具有不同的商品需要，这会给企业带来营销机会。如我国的春节，这是销售年货的黄金节日；西方的圣诞节，西方人要互送圣诞礼物，也给企业带来商机。

（4）宗教信仰。宗教信仰也是影响人们消费行为的重要因素之一。不同的宗教信仰者有不同的文化倾向和禁忌，从而影响着人们认识事物的方式、行为准则和价值观念，影响人们的消费行为、消费习惯，进而影响消费结构。营销者要了解各种宗教信仰的需求，针对不同宗教信仰者的追求、偏好，提供适销对路的产品，否则企业的营销工作就会遇到麻烦，甚至造成重大损失。如印度教敬牛；伊斯兰教食牛羊肉，禁食猪肉；佛教吃素食。

2.2 消费者需求、购买动机及购买行为分析

引导案例

消费心理

两家相邻的卖粥小店，每天的客流量相差无几。

走进右边的小店，服务员给顾客盛好一碗粥后，会问顾客加不加蛋，顾客有说加的，也有说不加的。大概各占一半。

第二章 市场营销环境

> 走进左边的小店，服务员给顾客盛好一碗粥后，会问顾客加一个鸡蛋还是加两个鸡蛋，爱吃鸡蛋的顾客说加两个吧，不爱吃的说就一个吧……晚上结算时，左边这家小店的营业额总比右边那家小店多一百多元。
>
> **营销启示：**
> 销售更多的是对消费者心理需求、购买行为的理解，把消费者愿望变成购买行为。

消费者的购买行为就是消费者在一定的购买欲望的支配下，为了满足某种需要而购买商品的行为。消费者需求是消费者购买行为的起点，也是市场营销的出发点，消费者需求引起购买动机，动机决定购买行为。

2.2.1 消费者需求分析

1. 消费者需求的含义

消费者需求是指人们为了延续生存，满足需要，丰富生产，发展生产而对客观条件（包括生产资料和生活资料）的一种要求和欲望。满足消费者的各种需求是企业经营的目标。

2. 消费者需求的基本内容

消费者需求的基本内容包括生理需求和社会需求。生理需求是指人们为满足本身的基本生存而对商品产生的一种需要和欲望。如食物、衣着、住房和其他与生存有关的商品。社会需求是指人们随着社会发展，生活水平的提高，有了安全、享受、自尊和发展等方面的需求。

美国行为科学家马斯洛的需求层次理论表明，人的需求可分为生理需求、安全需求、社交需求、尊重需求和自我实现需求五个层次。而且，消费者需求是由低层次向高层次逐步延伸和发展的，只有低层次的物质需求得到满足后，才会向高层次的社会需求发展（图2-1）。

图2-1 马斯洛的需求层次理论

2.2 消费者需求、购买动机及购买行为分析

3. 消费者需求的特征

（1）多样性。消费者市场消费人数众多，由于消费者在年龄、性别、职业、收入、受教育程度、居住区域、民族、宗教信仰、生活习惯等方面有所不同，消费者需求呈现多样性。因此营销者必须用不同规格、式样、款式和品牌等多品种多规格产品满足其多样性。

（2）发展性。随着社会生产力和科学技术的不断进步，新产品不断出现，消费者收入水平不断提高，消费者需求呈现出由少到多、由粗到精、由低级到高级的发展趋势。因此营销者可以用不断创新的产品满足其发展性。

（3）伸缩性。消费者需求会随着消费者收入、生活方式、商品价格和储蓄利率的变化而变化，在购买数量和品种选择上表现出较大的需求弹性或伸缩性。如收入增多会增加购买，反之则减少购买；商品价格高或储蓄利率高消费者会减少消费，反之会增加消费。因此营销者可以灵活应用价格策略。

（4）层次性。马斯洛需求层次理论表明消费者需求是多层次的。因此营销者可以用低、中、高档的产品满足其层次性。

（5）时尚性。消费者需求具有求新求异的特性，要求商品不断翻新，有新奇时尚感。随着市场商品供应的丰富，消费者对商品的挑选性增强，消费风潮的变化速度加快，商品的流行周期缩短，营销者必须不断开发时尚商品。

（6）可诱导性。消费品琳琅满目，消费者对所购买的商品大多缺乏专业的知识，对质量、性能、使用、维修、保管、价格和市场行情都不太了解，多属非专家购买，受情感因素影响大，受广告宣传或其他促销方法的影响和诱导。

2.2.2 消费者购买动机分析

消费者购买动机是指能引起消费者购买某一商品或选择某一目标的内在动力。购买动机是由消费者需求引起的，而购买动机是引发消费者购买行为的直接原因和动力。消费者需求具有多样性，消费者动机同样具有多样性。

1. 求实动机

求实动机是以追求商品的使用价值为主要目的的购买动机。具有这种购买动机的消费者注重商品经济实惠，经久耐用，而不过分讲究商品的包装和新颖性等。因此营销者要研究消费者这种购买动机可能与消费者的收入水平、价值观念和消费态度有关。

2. 求安动机

求安动机是以消费者注重生命安全和生理健康为主要目的的购买动机，把保障安全和健

康作为消费支出的重要内容。具有这种购买动机的消费者通常会把商品的安全性能和对身心健康作为购买的首要标准。如家用电器不出现意外事故，家具不含有害成分，化妆品不含有毒物质，食品、药品等必须是健康安全的。因此营销者要研究健康安全商品满足消费者需求。

3. 求廉动机

求廉动机是以消费者希望以较少的支出获得较多利益为特征的购买动机。具有这种购买动机的消费者注重商品的价格，会仔细比较同类商品的价格，会尽量选择价格较低的品种；同时喜欢购买优惠品、折价品或处理品。因此营销者要研究如何满足消费者以较少支出而获取较大收益的需求。

4. 求美动机

求美动机表现为消费者对商品美学价值和艺术欣赏价值的要求的购买动机。具有求美动机的消费者特别注重商品的外观造型、色彩和艺术格调，希望通过购买造型美观、色彩高雅的商品获得美的体验和享受，如通过服装的款式色彩美化自我形象，通过装饰品美化居住环境等，都是求美动机的体现。

5. 求新动机

求新动机是以消费者追求商品的新颖、奇特、时髦为主要目的的购买动机。具有这种购买动机的消费者注重商品的款式或造型是否新颖独特、是否时尚。因此营销者要研究如何开发设计独特、新颖、时尚的新产品满足消费者的求新动机。

6. 求便动机

求便动机是现代消费者追求商品的便利的购买动机，也是现代消费者提高生活质量的重要内容。具有这种购买动机的消费者注重商品的使用和购买便利性，以求最大限度地减轻劳动强度。如洗衣机、洗碗机、速食食品、家政服务、送货上门、直销（电话购物、电视购物、网络购物）等。随着生活节奏的加快，消费者追求便利的动机也日趋强烈。

7. 求名动机

求名动机是消费者仰慕产品品牌或企业名望而产生的购买动机。具有这种购买动机的消费者注重商品的品牌是不是名牌。因此营销者要研究如何创立商品的名牌。

此外，还有惠顾动机、自我表现动机等，营销者应掌握购买动机，把握购买规律，做好营销工作。

2.2.3 消费者购买行为分析

影响消费者购买行为的因素很多，主要包括文化因素、社会因素、个人因素、心理因

2.2 消费者需求、购买动机及购买行为分析

素,如表2-1所示。

表2-1 影响消费者购买行为的因素

文化因素	社会因素	个人因素	心理因素
社会文化、亚文化、社会阶层	相关群体、家庭、角色地位	经济因素、生理因素、个性、生活方式	动机、认知、学习、信念和态度

1. 文化因素

文化因素对消费者的行为有着最广泛而深远的影响。文化对消费者行为的影响具体分为社会文化、亚文化和社会阶层三个方面。

(1) 社会文化。社会文化是指人类从长期生活实践中建立起来的价值观念、伦理道德、风俗习惯、行为规范、宗教信仰等其他有意义的象征的综合体。它是人类欲望和行为最基本的决定因素,对消费者购买行为的影响最为广泛和深远。如中国的文化传统是:仁爱、信义、礼貌、智慧、诚实、忠孝、尊老爱幼等。

营销人员在开展营销活动时,产品和服务必须符合当前社会的社会文化价值观。例如:宝洁的Camay香皂在日本的广告节目中出现男人直接恭维女人外表的场景。因这则广告所诉求的内容和方式与日本男人不是以这种方式表达自己意愿的文化相冲突,结果导致这种香皂在日本滞销。

(2) 亚文化。每种文化都由更小的亚文化组成。亚文化为其成员带来更明确的认同感和集体感。亚文化主要有四种:

① 民族亚文化群。每个国家都存在不同的民族,每个民族都在漫长的历史发展过程中形成了独特的风俗习惯和文化传统。如蒙古族人爱吃羊肉、喝酥油茶;而朝鲜族人喜欢吃狗肉、辣椒。

② 种族亚文化群。世界有白种人、黑种人、黄种人、棕种人四个种族,他们都有自己独特的生活习惯和文化传统,他们的购买行为各不相同。如美国的黑人在衣服、个人用品、家具和香水方面的支出较多,白人在食品、交通工具和娱乐方面的支出较多。美国黑人更重视商品的品牌,更具有品牌忠诚性。美国的许多大公司如西尔斯公司、麦当劳公司、宝洁公司和可口可乐公司等非常重视开发黑人市场。

③ 宗教亚文化群。世界上有许多宗教,如四大宗教有伊斯兰教、基督教、佛教和道教,其教规、戒律都不同,从而对商品的偏好和禁忌也不同,所以购买行为也表现为不同的特征。如伊斯兰教忌饮含酒精的饮料,佛教吃素食。

④ 地理亚文化群。处于不同地理位置的国家,同一国家内处于不同地理位置的各个省份和地区的消费者都有着不同的文化和消费需求。如在饮食上,我国呈现"南甜、北咸、东酸、西辣"的特点。

(3) 社会阶层。社会阶层是社会中根据职业、收入来源、教育水平、价值观和居住

区域对人们进行的一种社会分类,是按等级排列的具有相对同质性和持久性的群体。每一阶层成员都具有类似的价值观、兴趣和行为。例如社会阶层按职业划分可分为公务员阶层、教师阶层、农民阶层、工人阶层等;按收入划分可分为富有阶层、富裕阶层、小康阶层、温饱阶层、贫困阶层。

2. 社会因素

消费者的购买行为常常受到一系列社会因素的影响。影响消费者购买行为的社会因素主要有相关群体、家庭和角色地位。

(1)相关群体。相关群体是指能够影响消费者购买行为的个人或集体。某相关群体的有影响力的人物称为"意见领导者"或"意见领袖",他们的行为会引起群体内追随者、崇拜者的仿效。按照对消费者的影响强度分类,相关群体可分为主要群体、次要群体和其他群体。

① 主要群体是指那些关系密切、经常发生相互作用的群体,如家庭成员、亲朋好友、同事等。

② 次要群体是指日常不频繁接触的较为正式的群体,如宗教、专业协会和同业组织等。

③ 其他群体也称渴望群体,是指有共同志趣的群体,即由各界名人,如文艺明星、体育明星、影视明星和政府要员及其追随者构成的群体。

相关群体会对消费者购买行为产生影响,因此营销者必须深入了解消费者的文化背景,才能使自己的产品和服务投其所好。

(2)家庭。家庭是以婚姻、血统和有继承关系的成员为基础的社会单位,它在社会中构成了消费者的"购买组织",购买者家庭成员是最具影响的主要认同群体。婚前家庭主要受父母的影响,婚后家庭主要受配偶与子女的影响。家庭不同成员对购买决策的影响往往由家庭特点决定,家庭特点可以从家庭权威中心点、家庭生命周期等方面分析。

① 家庭权威中心点。社会学家根据权威中心点不同,把所有家庭分为4种类型:各自决定型、丈夫决定型、妻子决定型和共同决定型。丈夫与妻子的购买参与程度因产品种类的不同而差异很大。妻子传统上是家庭的主要采购员,尤其是食品、日用品等的采购员。贵重商品与服务更多由夫妻双方共同做出决策。

② 家庭生命周期对消费者购买行为的影响如表2-2所示。

表2-2 家庭生命周期对消费者购买行为的影响

家庭生命周期阶段	行为模式和购买对象
1. 单身阶段 (年轻、不住家里)	无经济负担,接受新观念,娱乐导向。 购买:一般厨房用品、家具、汽车、游戏设备和旅游
2. 新婚阶段 (年轻,无子女)	经济状况好,购买力强。 购买:房子、汽车、冰箱、电视、家具、旅游等

2.2 消费者需求、购买动机及购买行为分析

续表

家庭生命周期阶段	行为模式和购买对象
3. 满巢阶段一 （年幼子女<6岁）	家庭用品采购的高峰期，流动资产少，不满足现有经济状态，储蓄部分钱，喜欢新产品。 购买：洗衣机、烘干机、电视机、婴儿食品、玩具娃娃、手推车、雪橇和冰鞋等
4. 满巢阶段二 （年幼的子女≥6岁）	经济状况好，有的妻子有工作，对广告不敏感，购买大包装商品，并且配套购买。 购买：各色食品、清洁用品、自行车、音乐课本和钢琴
5. 满巢阶段三 （年长夫妇与未成年子女同住）	经济状况仍然较好，许多妻子有工作，对广告不敏感，耐用品购买力强。 购买：新颖别致的家具、汽车、旅游用品、非必需品、牙齿保健服务、杂志
6. 空巢阶段一 （年长夫妇无子女同住，户主仍在工作）	大量拥有自己的住宅，经济富裕，有储蓄，对旅游、娱乐、自我教育尤其感兴趣。 购买：度假用品、奢侈品和家用装修用品
7. 空巢阶段二 （年老夫妇无子女同住，已退休）	收入锐减，闲在家。 购买：有助于健康、睡眠和消化的医用护理保健用品
8. 鳏寡阶段一 （尚在工作）	收入仍较可观，可能会注重锻炼和保健
9. 鳏寡阶段二 （退休）	需要与其他退休群体相仿的医疗用品，收入锐减，特别需要得到关注，得到情感和安全的保障

（3）角色地位。角色地位是周围的人对一个人的要求或一个人在各种不同场合应起的作用，反映了社会对他的总体评价。个人在各群体中的位置可由角色和地位来确定。每种角色都有相应的地位。医生的比护士的高、经理的比职员的高。人们往往选择与自己的社会角色和地位相符的产品。

3. 个人因素

个人因素指消费者的经济因素、生理因素、个性和生活方式等，它们会对消费者的购买行为产生影响。

（1）经济因素。经济因素是指消费者收入水平、储蓄水平、资产和借贷能力。它是决定购买行为的首要因素，决定购买商品的种类和档次。如我国中低收入的家庭不会选择购买汽车，低收入的家庭只购买基本生活必需品。

（2）生理因素。生理因素是指年龄、性别、体型（高矮胖瘦）、健康状况和嗜好等生理特征等，它们决定对产品款式、型号和细微功能的需求。如幼儿服装要宽松、舒适、吸汗透气、穿脱方便等；肥胖的人要穿大号服装；四川人爱吃麻辣；糖尿病人吃不含蔗糖的食品。

（3）个性。个性是指一个人所特有的心理特征，它导致一个人对他所处的环境的相

对一致和持续不断的反应。个性表现包括内向、外向、开拓、自信、控制欲、自主、顺从、交际、保守、适应等特征。表2-3所示为个性与消费者购买行为特征。

表2-3 个性与消费者购买行为特征

个性类型	购买行为特征
习惯型	有固定习惯和偏好，忠于一种或几种品牌，如日常生活用品
理智型	购买前经过仔细比较和考虑，不轻率做出决策，也不会轻易反悔，如高档消费品、文化艺术品
冲动型	易受产品外观、广告宣传或相关人员的影响，决定轻率，易于动摇和反悔，如时装、儿童玩具和某些小商品
经济型	特别重视价格，追求物美价廉、经济合算
享受型	为享受而购买商品，追求名、特、优
便利型	要求方便快捷，怕麻烦和耽误时间
情感型	联想丰富，对产品的象征意义特别重视
年轻型	消费心理和消费习惯尚不成熟，容易接受新的产品

（4）生活方式。生活方式是指一个人在生活中表现出来的观念、兴趣和看法的模式，不同生活方式的消费者对产品和服务有不同的需求。生活方式可分为节俭型、奢华型、守旧型、革新型、自我表现型、环保主义型等。如环保产品是环保主义消费者的首选。

4. 心理因素

心理因素是指影响消费者心理活动过程的主要因素，如动机、认知、学习、信念和态度等。

（1）动机。动机是激励人们行动的动力，是引起和维持人们活动并使之朝着一定目标进行的愿望或意愿。

马斯洛需要层次理论表明人的需求是多层次的，人的需要按重要程度依次分为生理需要、安全需要、社会需要、尊重需要和自我实现需要，而且需要从低级向高级发展。马斯洛需要层次理论又可进一步概括为生理物质需要和心理精神需要两大类。需要只有强烈到一定程度才会转化为动机。如一个食不果腹、衣不蔽体的人可能会铤而走险而不考虑安全需要，可能会向人乞讨而不考虑社会需要和尊重需要。因此营销者要多方位地满足消费者的需要和强化对消费者的刺激，以促成消费者产生购买的动机。

（2）认知。认知是消费者对产品或服务的感觉、知觉、记忆与思维活动的总和。感觉是人们通过感觉器官对产品的个别属性或整体的认知。知觉是感觉的延伸，顾客的自身兴趣爱好、个性、对品牌的偏好以及自我形象是知觉的先决条件；产品形象、企业形象及

2.2 消费者需求、购买动机及购买行为分析

其吸引力是知觉的基本条件;广告等销售策略则是促成消费者对产品和服务知觉的关键因素。记忆是指人们对知觉在大脑中的储存并在一定条件下重新显现出来的能力。思维是指人们对事物一般属性及其内在联系的间接的概括反应。因此营销者应该随时洞察消费者的心理活动,利用产品品牌形象和促销策略,引发消费者对产品的关注,诱发其购买欲望,促成购买行为的产生。

(3)学习。学习是指消费者在购买和使用产品过程中不断获得知识、经验和技能,不断完善其购买行为的过程。人类的行为大多来源于学习,一个人的学习是驱使力、刺激、诱因、反应和强化等相互作用的结果。消费者产生了需要动机驱动力后必须多方收集有关信息,比较评价,才能做出购买决策,这本身就是一个学习过程。同时购买后对产品消费和使用同样是一个学习的过程。营销者可以把产品与强烈的驱动力联系起来,利用刺激性的诱因并提供正面强化等手段,来建立消费者对产品的购买行为。

(4)信念与态度。信念是指人们对事物所持的描述性思想。信念构成了产品和品牌的形象,消费者会根据自己的信念影响购买行为。态度是指人们对观念所持的评价、情感上的感受和行动上的倾向。态度导致消费者喜欢或不喜欢产品或服务。消费者通过实践和学习获得了自己的信念和态度,信念和态度反过来又影响着消费者的购买行为。因此营销者应通过营销活动来树立消费者对产品和品牌的信念,使产品尽可能迎合消费者既有的态度,甚至改变其态度。

综合上述,消费者的购买决策是文化因素、社会因素、个人因素、心理因素等综合作用的结果,企业和营销人员在制定营销策略时必须考虑到这些因素。

本章小结

关注市场营销环境的变化,认真分析消费者的购买行为,不断改变营销策略,以适应环境,捕捉市场机遇,实现企业营销目标。

课后练习

一、主要概念

市场营销环境、微观市场营销环境、宏观市场营销环境、消费者需要、消费者购买动机、消费者购买行为。

二、判断题

1. 市场营销机会和环境威胁在一定条件下会互相转化。（ ）
2. 消费者协会、环境保护组织等都不是官方组织,不具强制性。（ ）

3. 恩格尔系数越大，表明生活越富裕。   （   ）

4. 个人可任意支配收入就是个人总收入中扣除税金后，消费者真正可用于消费的部分。   （   ）

5. 消费者收入水平的高低制约了消费者支出的多少，并直接影响了社会消费支出模式。   （   ）

6. 一般在收入水平较高的家庭，集中决策的倾向比较明显，而收入水平比较低的家庭则倾向于分散决策。   （   ）

7. 认知是购买行为的原动力。   （   ）

8. 消费者购买了商品意味着购买行为过程的结束。   （   ）

三、选择题

1. 市场营销学认为，企业市场营销环境包括（   ）。
   A. 人口环境和经济环境   B. 自然环境和文化环境
   C. 直接环境和间接环境   D. 政治环境和法律环境

2. 企业的直接环境包括供应商、营销中介、目标顾客、竞争者、公众和（   ）。
   A. 企业内部环境   B. 国外消费者
   C. 制造商   D. 社会文化

3. 根据恩格尔定律，随着家庭收入增加，用于购买食品的支出占家庭收入的比重会（   ）。
   A. 上升   B. 下降   C. 大体不变   D. 时升时降

4. 影响汽车、住房以及奢侈品等商品销售的主要因素是（   ）。
   A. 个人可支配收入   B. 个人可任意支配收入
   C. 消费者储蓄和信贷   D. 消费者支出模式

5. 消费者支出模式主要受（   ）影响。
   A. 消费者收入   B. 消费者家庭   C. 消费者性格   D. 消费者职业

6. 认识与分析营销环境的目的是（   ）。
   A. 防患于未然   B. 寻求企业发展空间
   C. 增强企业适应能力   D. 发现机会和识别威胁

7. 开往北京的列车有普快、新空快车、特快、直达快车，这些列车之间的竞争关系是（   ）。
   A. 欲望竞争   B. 类别竞争
   C. 产品形式竞争   D. 品牌竞争

8. 铁路公司和航空公司在提供客运服务方面，两者的竞争关系属于（   ）。
   A. 欲望竞争   B. 类别竞争   C. 产品形式竞争   D. 品牌竞争

9. 影响消费者购买行为模式的基本因素是（   ）。
   A. 经济收入水平   B. 文化因素
   C. 社会因素   D. 心理因素

2.2 消费者需求、购买动机及购买行为分析

10. 以下家庭生命周期阶段在中国等东方民族较西方国家更为明显的是（　　）。
    A．单身阶级　　　B．备婚阶段　　　C．育儿阶段　　　D．空巢阶段
11. 以下家庭生命周期阶段中（　　）不属于满巢阶段。
    A．新婚阶段　　　B．育婴阶段　　　C．育儿阶段　　　D．未分阶段
12. 以下（　　）项是购买行为的原动力。
    A．学习　　　　　B．态度　　　　　C．认知　　　　　D．动机
13. 根据马斯洛的"需求层次论"（　　）层次的需求是最高的。
    A．安全需要　　　B．生理需要　　　C．自我实现　　　D．尊重需要
14. 根据马斯洛的"需求层次论"（　　）层次的需求是最低的。
    A．安全需要　　　B．生理需要　　　C．自我实现　　　D．尊重需要
15. 影响消费者最终决策的根本问题是（　　）。
    A．收集信息的丰富程度　　　　　　B．消费者对购买风险的预期
    C．他人的态度　　　　　　　　　　D．以外的变故
16. 消费品市场的特点是（　　）。
    A．市场较集中　　　　　　　　　　B．购买人数多而散
    C．专用性较强　　　　　　　　　　D．购买决策常为集体决策

四、复习思考题

1．微观营销环境由哪些方面构成？竞争者、消费者对企业营销活动产生怎样的影响？
2．结合我国实际说明人口环境、法律环境对市场营销活动的重要影响。
3．简述马斯洛的需求层次理论。
4．消费者市场有哪些特点？针对这些特点营销者如何做好营销工作？
5．消费者购买动机有哪些？营销者应如何掌握购买动机做好营销工作？
6．影响消费者购买行为的主要因素有哪些？

五、案例分析题

案例1：恩格尔系数的应用

某集团公司通过对某沿海城市进行调查分析，所获资料如表2-4所示，决定在该城市投资旅游、房地产、娱乐等项目。

表2-4　调查资料

时间	人均收入/(元·年$^{-1}$)	恩格尔系数/%
1980—1990年	5 010	59
1991—2001年	6 640	45
2001年后	9 120	40

第二章　市场营销环境

问题：

（1）恩格尔系数的变化说明了什么问题？

（2）该集团公司为什么决定在该沿海城市进行投资？

案例2："指南针地毯"

在阿拉伯国家，虔诚的穆斯林教徒无论居家或是旅行，每天都在固定时间跪于地毯上祈祷，且面向圣城麦加。比利时地毯厂厂商范得维格，巧妙地将扁平的"指南针"嵌入祈祷用的地毯上，该"指南针"指的不是正北，而是始终指向麦加城。这样，穆斯林教徒只要有了该地毯，无论走到哪里，都可准确找到麦加城的所在方向。这种地毯一上市，立即成了抢手货。

问题：

比利时地毯厂厂商范得维格对哪种市场营销环境进行了分析，才使"指南针地毯"一举成功？

第三章 市场调查

教学目的要求：
1. 能掌握市场调查概念。
2. 能理解市场调查类型。
3. 能理解市场调查的内容及方法。
4. 能理解SWOT分析法。
5. 能掌握市场调查的内容。
6. 能理解市场调查的步骤。
7. 能掌握市场调查问卷设计。
8. 能掌握市场调查报告。

教学重点难点：
1. 市场调查概念、SWOT分析法。
2. 市场调查步骤。
3. 市场调查问卷设计。
4. 市场调查报告。

引导案例

某市家用汽车消费情况调查分析

随着居民生活水平的提高,私车消费人群的职业层次正在从中高层管理人员和私营企业主向中层管理人员和一般职员转移,汽车正从少数人拥有的奢侈品转变为能够被更多普通家庭接受的交通工具。了解该市家用汽车消费者的构成、消费者购买汽车时的关注因素、消费者对汽车市场的满意程度等对汽车产业的发展具有重要意义。

本次调研活动中共发放问卷400份,回收有效问卷368份,根据整理资料分析如下。

一、家用汽车消费者的构成分析

1. 有车用户家庭月收入分析

该市有车用户家庭月收入如表3-1所示。

表3-1 有车用户家庭月收入

家庭收入	比重/%	累积/%
2 000元以下	28.26	28.26
2 000～3 000元	33.70	61.96
3 000～4 000元	10.87	72.83
4 000～5 000元	18.48	91.31
5 000元以上	8.69	100.00

由表3-1可知,目前该市有车用户家庭月收入在2 000～3 000元的最多;有车用户平均月收入为2 914.55元,与该市居民平均月收入相比,有车用户普遍属于收入较高人群。61.96%的有车用户月收入在3 000元以下,属于高收入人群中的中低收入档次。因此,目前该市用户的需求一般是每辆10万～15万元的经济车型。

2. 有车用户家庭结构分析

该市有车用户家庭结构如表3-2所示。

表3-2 有车用户家庭结构

家庭结构	比重/%	累积/%
Dink家庭	36.96	36.96

续表

家庭结构	比重/%	累积/%
核心家庭	34.78	71.74
联合家庭	8.70	80.44
单身族	17.39	97.83
其他	2.17	100.00

Dink家庭（即夫妻二人无小孩的家庭）占有车家庭的比重大，为36.96%。其家庭收入高，负担轻，支付能力强，文化层次高，观念前卫，因此Dink家庭成为有车用户中最为重要的家庭结构模式。核心家庭，即夫妻二人加上小孩的家庭，比重为34.78%。核心家庭是当前社会中最普遍的家庭结构模式，因此比重较高。联合家庭，即与父母同住的家庭，仅有8.70%。单身族占17.39%，这部分人个人收入高，且时尚前卫，在有车用户中占据一定比重。另外，已婚用户比重达到了81.5%，而未婚用户仅为18.5%。

3. 有车用户职业分析

调查显示，有29%的消费者在企业工作，20%的消费者是公务员，另外还有自由职业者、机关工作人员和教师等。目前企业单位的从业人员，包括私营业主、高级主管、白领阶层仍是最主要的汽车使用者。而自由职业者由于收入较高及其工作性质，他们也在有车族中占据了较高比重（图3-1）。

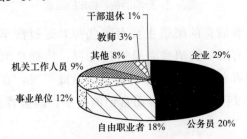

图3-1　有车用户职业构成

4. 有车用户年龄及驾龄分析

在所调查的消费者中，年龄大多在30～40岁或是30岁以下，所占比重分别为43%和28%，也有23%的消费者年龄在40～50岁，仅有6%的消费者年龄在50岁以上。可见，现在有车一族年轻化的趋势越来越明显，这是因为大多数年轻人没有太多的家庭负担，正处于购买力和消费需求同样旺盛的时候，而越来越低的购车门槛，也给了他们足够的购车理由。

该市有车用户的驾龄平均为5.294年，而在本次接受调查的消费者中，有61.94%的用户驾龄在3年以上。由此可见，本次调查的有车用户驾龄普遍较长，因而对汽车也比较熟悉，对汽车相关信息掌握得也相对全面，这就使得我们对有车用户青睐的品牌的调查有了较高的可信度，而他们在汽车使用方面的经验，也能够为今后该市家用汽车市场营销策略的制定提供一定的帮助。

二、消费者购买汽车时关注的因素分析

调查显示，消费者在购车时关注的因素首先是汽车的价格和性能，所占比例分别达到了19%和16%，因此，性价比越高的汽车越能受到消费者的青睐。此外，消费者购买汽车时关注的因素还有油耗、品牌和售后服务等几项，所占比重分别为14%、13%和13%，由此可见，汽车自身的品质与经销商所提供的售后服务保证是同等重要的。因此，在对消费者最终选购汽车起主导作用的因素中，油耗经济性好、性价比高、售后服务好这三项占据了前三名，所占比重分别为22%、21%和15%（图3-2）。

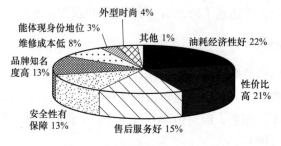

图3-2　影响消费者购车的因素

消费者在购车前获取信息的渠道主要有哪些呢？通过汽车报纸杂志获取信息的消费者占总数的27%，还有23%的消费者是通过电视、广播获取信息的，此外，上网查询和广告等也都是消费者获取信息的主要渠道。由此可见，在传媒业越来越发达的今天，任何媒介都能够加以利用，成为推动营销的帮手。消费者获取信息的渠道如图3-3所示。

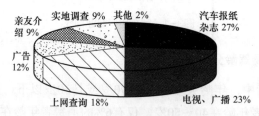

图3-3　消费者获取信息的渠道

在大型汽车市场、品牌专卖店、综合销售点和其他销售点这几种汽车销售点中，目前消费者最为信赖的还是品牌专卖店，选择在品牌专卖店购买汽车的消费者所占比重竟高达74%，相信这与品牌专卖店舒适的购车环境、良好的信誉、有保障的售后服务都是分不开的。而目前消费者在支付方式的选择上大多还是选择一次性付清，也有33%的消费者选择分期付款，但选择向银行贷款买车的消费者仅为7%，这一方面反映出大部分消费者的

购车计划是在对自身收入合理估算后的可行选择；另一方面也说明了目前我国信贷业的不发达与不完善。消费者最信赖的购车场所如图3-4所示。消费者满意的支付方式如图3-5所示。

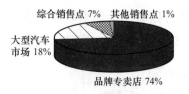

图3-4 消费者最信赖的购车场所　　　　　图3-5 消费者满意的支付方式

三、用户使用情况特点分析

本次调查中男性用户的汽车品牌排名前三位的分别是：捷达、宝来、本田，所占比例分别为37%、14%和11%；女性用户的汽车品牌前三位的分别是：宝来、本田、捷达，所占比例分别为44%、13%和13%。由此可见，该市家用汽车市场上消费者使用的品牌位于前三位的是捷达、宝来和本田，所占比重分别是33%、20%和11%。而消费者所认为的该市家用汽车市场上数量最多的汽车品牌，前四位分别是捷达、宝来、本田和丰田，这与实际情况较为相符。由此可见，目前最受有车一族青睐的无疑是经济车型。

本次调查从购车用途来看，仅有1%的消费者买车是为了家用方便，98%的消费者买车是为了上下班方便或作为商业用途。

对车主保险情况调查来看，有81%的人都会给爱车投保，以减少用车风险，但也有4%的消费者认为给爱车投保没有必要。

目前，油价的不断上涨，已成为有车一族关心的问题，并在他们用车的过程中也产生一定影响，有46%的消费者已经考虑更换小排量、低油耗的车，还有18%的消费者选择减少用车频率，但也有36%的消费者认为基本没有影响。可见，未来的几年内，低油耗的车型仍会成为消费者青睐的对象。此外，交通设施不足、塞车现象严重和停车难等问题占据日常行车困扰的榜首，这表明我国交通设施建设仍需进一步发展。

四、用户满意度分析

目前该市家用汽车消费者使用最多的三种品牌分别是捷达、宝来、本田，这三种品牌的汽车到底具有哪些优势呢？通过比较发现：捷达车用户对本车最满意的地方在于车的性能和燃油经济性，所占比重分别是53%和30%，该车的动力性和品牌知名度也是比较令他们满意的因素；宝来车用户对本车最满意的地方在于车的舒适性、品牌知名度和燃油经济性，所占比重分别是34%、24%和24%，该车的动力性和整体性也较出色；而本田车最令用户满意的地方除了舒适性、品牌知名度、外观外，还有车的性能，这几项所占比重分别是30%、20%、20%和20%。由此可以看出，消费者较为满意的车型除了经济舒适外，还必须具有较高的品牌知名度。捷达、宝来、本田三种车的优势如图3-6所示。

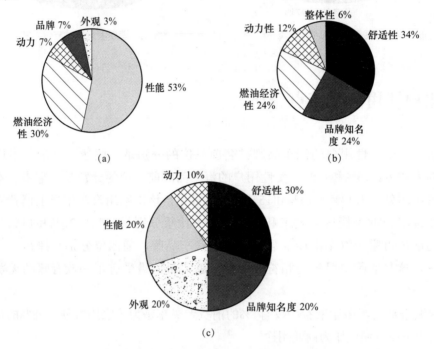

图3-6　捷达、宝来、本田三种车的优势
（a）捷达车优势分析；（b）宝来车优势分析；（c）本田车优势分析

在上面的分析中，曾提到售后服务也是消费者选车时较为关注的因素之一，那么对消费者使用最多的几款车型来说，它们的售后服务情况如何呢？通过比较，捷达车的用户中有13%的用户表示非常满意，44%的人表示较为满意；宝来车的用户中有6%的用户表示非常满意，50%的人表示较为满意，还有44%的人认为一般；本田车的用户中有30%的用户表示非常满意，40%的人表示较为满意。总体来说，这几种品牌汽车的售后服务都比较令用户满意。而在售后服务过程中，用户最为看中的服务指标就是技术等级，占到43%，接下来依次是收费标准、返修率和服务态度，分别占22%、20%和15%，这反映了在大多数用户心目中质量和价格仍是衡量服务好坏的根本标准。

近几年来关于汽车投诉的比例在逐年上升，其中汽车质量、安全隐患及维修保障等问题较为突出。在解决纠纷的过程中，对于存在的问题，有28%的消费者认为

3.1 市场调查的概述

是缺乏硬性的检测标准,27%的消费者认为是找不到相关的投诉机构,22%的消费者认为检测程序太过复杂,还有15%的消费者认为检测费用过高,另外8%的消费者则认为还存在其他方面的问题。这表明我国政府职能机构还需要进一步改进工作,简化相关程序,完善相关检测设施,使其更好地为大众服务。在遇到问题需要解决时,消费者最希望得到哪些维护消费者权益的援助呢?46%的消费者希望能设立相关部门以方便检查质量问题,28%的消费者希望能够专设部门判定是非,18%的消费者则希望媒体能对问题车辆进行曝光,还有7%的消费者希望能有专业的律师提供法律咨询。这一方面反映了我国公民维权意识的提高,另一方面也反映了相关职能部门的服务不到位。

五、建议

通过对本次调查结果的分析,就反映出的问题和现象特提出以下建议:

(1)在家用汽车消费群体中,女性消费者这一领域还具有很大的市场潜力,汽车生产商可以在汽车的整体设计中加入一些符合女性需求的细节设计,使汽车设计更富人性化,也更能受到女性消费者的青睐。

(2)从目前家用汽车市场的实际情况来看,经济实用型汽车最受欢迎,但消费者在选购经济实用型汽车的同时,也会考虑到汽车的外观能否体现其身份、地位,因此生产商应加强对经济实用型汽车在外观、内饰上的改进,以争取更多消费者。

(3)在购车地点的选择上,大部分消费者选择了品牌专卖店,因为那里的环境、服务等都比别处更胜一筹,但综合销售点实际上更有利于消费者进行实地考察,从而客观地对汽车品牌进行对比。但目前该市的几个综合销售点的经营状况都远不如品牌专卖店,综合经销商应考虑如何采取对策。

(4)目前通过银行贷款的方式买车的消费者还是少之又少,这与中国人的消费观念有关,但就目前中国的形势来看,通过贷款的方式买房、买车都是非常合适的选择,虽然我国仅在北京等少数大城市提供了不超过货物本身的14.3%的低息贷款,但经销商若能做足这方面的"文章",也可促进家用汽车消费市场的长足发展。

(5)消费者在维权方面达成的共识就是希望国家能够设立专门的部门,制定出硬性的指标以判定汽车质量问题,维护汽车消费者的合法权益。

市场调查是取得直接市场资料的基本方法。通过市场调查,企业管理者可以了解市场行情,做到心中有数。这不但可以提高经济管理的水平,改善企业的服务质量和提高企业经济效益,还是市场预测必不可少的前提和基础。

3.1 市场调查的概述

3.1.1 市场调查的概念及类型

1. 市场调查的概念

市场调查是应用科学的方法,系统、全面、准确、及时地搜集、整理和分析市场现象的各种资料的过程,是有组织、有计划地对市场现象的调查研究活动。通过市场调查所取得的市场资料,客观地描述了市场状况,并且可以分析研究市场发展变化的规律。同时,通过市场调查所取得的市场资料又是进行市场预测的重要依据。

2. 市场调查的类型

市场现象的复杂性和市场经营多方面的需要决定着市场调查不能只用单一的方法,从某一个方面进行,而是必须应用各种方法对市场进行全面系统的调查。因此市场调查可以从各种角度区分为多种类型。

(1) 根据购买商品目的不同,分为消费者市场调查、产业市场调查。

这儿所说的消费者市场,是指消费者为满足个人或家庭消费需要而购买生活资料或劳务的市场,又称为生活资料市场。产业市场,是指生产者为满足生产活动需要而购买生产资料或劳务的市场,又称为生产资料市场。这两种类型的市场,不论是从购买商品的对象、购买的商品上看,还是从购买活动的特点上看,都有所不同。消费者市场的商品购买者是消费者个人,购买的商品是最终产品,主要是生活资料,购买活动是经常的、零星的或少量的,并且由于商品消费是可以相互代替的,因而购买活动具有一定的弹性,购买者一般缺乏专门的商品知识,服务质量的高低对商品的销售量影响极大。产业市场的商品购买者主要是生产企、事业单位;购买的商品是最初产品和中间产品,或者为生产资料;购买活动具有定期的、大量的和缺乏一定弹性的特点;同时,产业市场的购买者具有专门知识,一般都有固定的主见。尽管消费者市场同产业市场不同,但两者之间有着密切的联系。它们之间的最基本的联系,就是产业市场的商品购销活动要以消费者市场为基础。因为消费者市场所反映的需要才是真正的最终消费需要。

3.1 市场调查的概述

必须指出,在实践中,可能有些生产部门和生产企业,同最终消费者从来不发生接触、业务往来,即便如此,它的经营活动仍然是为了最终消费者,还要依据最终消费者的需要而生产。

(2) 根据商品流通环节不同,分为批发市场调查、零售市场调查。

① 批发市场调查。批发市场调查就是对批发市场的规模、参与者、流通渠道及商品交易状况所进行的调查。批发市场的主要职能是把社会产品从生产领域输送到流通领域,是商品进入流通领域的第一个环节,沟通着产销之间、城乡之间、地区之间的经济联系,流通的商品批量大、数量多,既包括生产资料商品,也包括生活资料商品。因此,搞好批发市场对促进商品流通,保证市场商品供应,具有十分重要的意义。

其调查的主要内容有:批发市场的参与者及构成情况,流转环节的层次;批发商业网点的布局;商品价位及购销形式;管理状况等。

② 零售市场调查。零售市场调查主要是指对零售市场的商品的供需以及零售渠道和网点分布情况进行的调查。零售市场是商品流通的最终环节,主要满足个人的生活消费和企事业单位非生产性消费,与人民生活有着密切的关系。对零售市场进行调查,可以了解消费需要的动向,对于企业调整经营结构,改进经营管理,提高经营决策水平,具有十分重要的意义。

零售市场调查的主要内容是:

a. 零售市场参与者的调查。我国零售市场是一个国有、集体、私营、个体等多种经济形式并存的、开放式的竞争市场。因此,必须调查各参与者及其在社会零售商品流转额中的比重变化,了解各种形式的情况,以便采取相应措施,发挥各自的作用。

b. 零售商业企业类型、零售商业网点分布的调查。零售商业企业是零售市场交易活动的主体,按照不同的角度有不同的分类,如按照经营的商品情况可分为综合商店与专业商店;按经营规模大小可分为大、中、小型商店;按经营特点可分为一般、超市、信托、邮购、流动等商店。各种类型都有自己的经营优势和不足之处。这就需要相应搭配、合理分布,发挥各自优势成互补结构,更好地为社会服务。同时,也可以通过调查,了解本企业的情况及所处的环境,对自身的经营位置、特点、方式做出科学的决策。

商品零售是为了满足个人或社会集团生活消费的商品交易。零售市场调查主要是调查不同经济形式零售商业的数量及其在社会零售商品流转中的比重,并分析研究其发展变化规律;调查零售市场的商品产销服务形式;调查零售商业网点分布状况及其发展变化;调查消费者在零售市场上的购买心理和购买行为;调查零售商品的数量和结构等。

(3) 根据市场调查的方式不同,市场调查可以区分为全面调查、非全面调查。

全面调查是对市场调查对象总体的全部单位都进行调查,如市场普查。

非全面调查则是对市场调查对象总体中的一部分单位进行调查,如市场抽样调查、市场典型调查、市场重点调查等。

市场调查各种方式的区别,不但表现在调研对象范围不同和选取调查单位的方法不同,而且也表现在市场调查过程中搜集、整理、分析资料方法的不同。不同的市场调查的组织方式必须配合适当的搜集资料的具体方法,才能很好地完成市场调查的任务。

之所以对市场调查进行分类,是为了对市场进行全面、系统、深入的研究。我们可以根据市场调查不同类型的特点,依据市场调查的目的,选择适当的调查方法和技术,以便取得满意的调查结果。上述分类是相互联系的,必须综合考虑,在市场调查实践中科学地运用。

3.1.2 市场调查的内容及方法

1. 市场调查的内容

市场调查的内容包括市场环境调查、市场需求调查、市场供给调查、市场营销因素调查、市场竞争情况调查。

(1)市场环境调查。市场环境调查主要包括经济环境调查、政治环境调查、社会文化环境调查、科学环境调查和自然地理环境调查等,如市场的购买力水平、经济结构、国家的政策和法律法规、风俗习惯、科学发展动态、气候等。

(2)市场需求调查。市场需求调查主要包括消费者需求量调查、消费者收入调查、消费结构调查、消费者行为调查,如为什么购买、购买什么、购买数量、购买频率、购买时间、购买方式、购买习惯、购买偏好、购买后的评价等。

(3)市场供给调查。市场供给调查主要包括产品生产能力调查、产品实体调查等,如产品数量、质量、功能、型号、品牌、生产供应企业的情况等。

(4)市场营销因素调查。市场营销因素调查主要包括产品、价格、促销和渠道/选址的调查。

(5)市场竞争情况调查。市场竞争情况调查主要包括对竞争企业的调查和分析,做到知己知彼,通过调查帮助企业确定其竞争策略。对竞争对手的调查主要是了解:竞争对手的数量,主要的竞争对手,是否具有潜在的竞争对手;竞争对手的经营规模、人员组成及营销组织机构情况;竞争对手经营商品的品种、数量、价格、费用水平和营利能力;竞争对手的供货渠道情况和对销售渠道的控制程度;竞争对手所采用的促销方式;竞争对手的价格政策;竞争对手的名称,生产能力,产品的市场占有率、销售量及销售地区。

2. 市场调查的方法

(1)观察法。

① 直接观察法,指调查者在调查现场有目的、有计划、有系统地对调查对象的行

3.1 市场调查的概述

为、言辞、表情进行观察记录,以取得第一手资料。直接观察法最常见于商场调查,如某段时间的客流量、顾客在各柜台的停留时间、各组的销售状况、顾客的反应、售货员的服务态度等。例如,为了调查学龄前儿童对玩具的偏好,可以针对学龄前儿童的特点,设计出一组儿童与某些玩具的观察方案。在观察这一组儿童玩玩具的过程中,记录下每个孩子的行为:孩子对某一玩具是否特别感兴趣?这个孩子玩这一玩具的时间有多长?其他的孩子对这一玩具也同样感兴趣吗?通过观察和记录,市场调查人员将取得学龄前儿童对玩具偏好的第一手资料。

② 实际痕迹测量,是通过某一事件留下的实际痕迹来观察调查,一般用于对用户的流量、广告的效果等的调查。

例如,某公司为了弄清楚哪种媒体可以把更多的商品信息传播出去,选择了几种媒体做同类广告,并在广告中附有回条,顾客凭回条可到公司去购买优惠折扣的商品,根据回条的统计数,就可找出适合该公司的最佳广告媒体。

③ 垃圾学理论。所谓的"垃圾学"是指市场调查人员通过对家庭垃圾的观察与记录,收集家庭消费资料的调查方法。这种调查方法的特点是调查人员并不直接对住户进行调查,而是通过查看住户所处理的垃圾,进行对家庭食品消费的调查。

(2)询问法。询问法是市场调查中最常见的一种方法,可分为面谈调查、电话调查、邮寄调查、留置询问表调查四种。它是将所要调查的事项以当面、书面或电话的方式,向被调查者提出询问,以获得所需要的资料。

① 面谈调查。

运用方式:个人访谈　小组访谈。

适用场合:与被访者进行深入访谈。

优点:有弹性,受访成功率较高。

缺点:成本高,缺少代表性,受访者无法深入思考,可能会产生误差。

② 邮寄调查。

运用方式:较大面积的调查。

适用场合:访问者不宜面谈。

优点:大范围,低成本,样本数目多。

缺点:回收率低,回收迟缓。

③ 电话调查。

运用方式:在客户资料中随机抽取样本,进行电话访问。

适用场合:题目少,样本简单的访问。

优点:时间和费用经济,问卷回收快。

缺点:样本不齐全,抽样容易失去代表性,受访者会产生抗拒情绪。

④ 留置询问表调查。由调查人员当面交给被调查人员问卷,说明方法,由之自行填写,再由调查人员定期收回。

(3)实验法。实验法通常用来调查某种因素对市场销售量的影响,这种方法是,在一定条件下进行小规模实验,然后对实际结果做出分析,研究是否值得推广。在改变商品的品种、品质、包装、设计、价格、广告、陈列方法等因素时可以应用这种方法,调查用户的反应。例如,某洗发水公司为了测试免费样品对销售量的影响,特进行了一次免费赠送样品试验。实验随机选定1 000户家庭作为实验组,每户赠送2袋小包装洗发水样品,同时发给一张可在指定商场购买大瓶洗发水的粉红色价格折扣券;另1 000户为控制组,每户发一张白色折扣券,但不给免费样品。两种折扣券优惠程度一样。2个月后,商店进行统计,共收到粉红色折扣券560张,白色折扣券389张,表明实验组的购买量比控制组的多171张。最后得出结论:免费样品可增加销售量。

3.1.3 SWOT分析法

引导案例

沃尔玛案例

优势(S)

沃尔玛是著名的零售业品牌,它以物美价廉、货物繁多和一站式购物而闻名。

沃尔玛的销售额有明显增长,并且它在全球化的范围内进行扩张(例如,它收购了英国的零售商ASDA)。

沃尔玛的一个核心竞争系统是由先进的信息技术所支持的国际化物流系统。在该系统支持下,每一件商品在全国范围内的每一间卖场的运输、销售、储存等物流信息都可以清晰地看到。信息技术同时也加强了沃尔玛高效的采购过程。

沃尔玛的一个焦点战略是人力资源的开发和管理。优秀的人才是沃尔玛在商业上成功的关键因素,为此,沃尔玛投入时间和金钱对优秀员工进行培训并使其建立忠诚度。

劣势(W)

沃尔玛建立了世界上最大的食品零售帝国。尽管它在信息技术上拥有优势,但巨大的业务拓展可能会导致其对某些领域的控制力不够强。

因为沃尔玛的商品涵盖了服装、食品等多个部门,它可能在适应性上比起更加专注于某一领域的竞争对手存在劣势。

该公司是全球化的,但是只开拓了少数几个国家的市场。

机会(O)

采取收购、合并或者战略联盟的方式与其他国际零售商合作,专注于欧洲或者大中华区等特定市场。

3.1 市场调查的概述

> 沃尔玛的卖场当前只开设在少数几个国家内。因此，拓展市场（如中国，印度）可以带来大量的机会。
> 　　沃尔玛可以通过新的商场地点和商场形式来获得市场开发的机会。更接近消费者的商场和建立在购物中心内部的商店可以使过去仅仅是大型超市的经营方式变得多样化。
> 　　沃尔玛的机会存在于对现有大型超市战略的坚持。
> **威胁（T）**
> 　　沃尔玛在零售业的领头羊地位使其成为所有竞争对手的赶超目标。
> 　　沃尔玛的全球化战略使其可能在其业务国家遇到政治上的问题。
> 　　多种消费品的成本趋向下降，原因是制造成本的降低。造成制造成本降低的主要原因是生产外包给了世界上的低成本地区。这导致了价格竞争，并在一些领域内造成了通货紧缩。恶性价格竞争是一个威胁。

1. SWOT分析法的含义

SWOT分析法是用来确定企业自身的竞争优势、竞争劣势、机会和威胁，从而将公司的战略与公司内部资源、外部环境有机地结合起来的一种科学的分析方法。所谓SWOT分析，即基于内外部竞争环境和竞争条件下的态势分析。

SWOT分析就是将与研究对象密切相关的各种主要内部优势、劣势和外部的机会和威胁等，通过调查列举出来，并依照矩阵形式排列，然后用系统分析的思想，把各种因素相互匹配起来加以分析，从中得出一系列相应的结论，而结论通常带有一定的决策性。

运用SWOT分析法，可以对研究对象所处的情景进行全面、系统、准确的研究，从而根据研究结果制定相应的发展战略、计划以及对策等。

SWOT分析法中，S（Strengths）是优势、W（Weaknesses）是劣势，O（Opportunities）是机会、T（Threats）是威胁。按照企业竞争战略的完整概念，战略应是一个企业"能够做的"（即组织的强项和弱项）和"可能做的"（即环境的机会和威胁）之间的有机组合。

2. 分析模型

（1）优势与劣势分析（SW）。

由于企业是一个整体，并且由于竞争优势来源的广泛性，因此，在进行优劣势分析时必须从整个价值链的每个环节上，将企业与竞争对手进行详细的对比，如产品是否新颖，制造工艺是否复杂，销售渠道是否畅通，以及价格是否具有竞争性等。如果一个企业在某一方面或几个方面的优势正是该行业企业应具备的关键成功要素，那么，该企业的综合竞争优势也许就强一些。需要指出的是，衡量一个企业及其产品是否具有竞争优势，只能站在现有潜在用户角度上，而不是站在企业的角度上。

（2）机会与威胁分析（OT）。

比如对于盗版问题，盗版替代品限定了公司产品的最高价，替代品对公司不仅造成了威胁，也带来了机会。企业必须分析，替代品给公司的产品或服务带来的是"灭顶之灾"呢，还是提供了更高的利润或价值；公司可以采取什么措施来降低成本或增加附加值，以此来降低消费者购买盗版替代品的风险。

3. 整体分析

从整体上看，SWOT可以分为两部分：第一部分为SW，主要用来分析内部条件；第二部分为OT，主要用来分析外部条件。企业利用这种方法可以从中找出对自己有利的、值得发扬的因素，以及对自己不利的、要避开的因素，发现存在的问题，找出解决办法，并明确以后的发展方向。根据这个分析，可以将问题按轻重缓急分类，明确哪些是亟须解决的问题，哪些是可以稍微拖后解决的问题，哪些属于战略目标上的问题，哪些属于战术上的问题，并将这些研究对象列举出来，依照矩阵形式排列，然后用系统分析的思想，把各种因素相互匹配起来加以分析，从中得出一系列相应的结论，而结论通常带有一定的决策性，有利于领导者和管理者做出较正确的决策和规划。

4. 分析环境因素

运用各种调查研究方法，分析出公司所处的各种环境因素，即外部环境因素和内部环境因素。外部环境因素包括机会因素和威胁因素，它们是外部环境对公司的发展直接有影响的有利和不利因素，属于客观因素。内部环境因素包括优势因素和弱点因素，它们是公司在其发展中自身存在的积极和消极因素，属于主动因素。在调查分析这些因素时，不仅要考虑到历史与现状，而且更要考虑未来的发展问题。

优势，是组织机构的内部因素，具体包括：有利的竞争态势；充足的财政来源；良好的企业形象；技术力量；规模经济；产品质量；市场份额；成本优势；广告攻势等。

劣势，是组织机构的内部因素，具体包括：设备老化；管理混乱；缺少关键技术；研究开发落后；资金短缺；经营不善；产品积压；竞争力差等。

机会，是组织机构的外部因素，具体包括：新产品、新市场、新需求的产生；外国市场壁垒解除；竞争对手失误等。

威胁，是组织机构的外部因素，具体包括：新的竞争对手产生；替代产品增多；市场紧缩；行业政策变化；经济衰退；客户偏好改变；突发事件发生等。

SWOT方法的优点在于考虑问题全面，是一种系统思维，而且可以把对问题的"诊断"和"开处方"紧密结合在一起，条理清楚，便于检验。

3.2 市场调查设计

引导案例

案例分析

Maurice Bernard在花卉修整行业干过好些年头，又投资建立了新企业——绿雕塑作坊（HT）。他的起步很踏实，而他对前两年的经营结果很是满意。

Maurice Bernard需要超越一些很大的挑战以继续以前的成就。在一个60 000人的社区里，很多人只是把他的企业当作又一家花店。幸运的是，他作为花卉栽培者和装饰者的名声给他提供了机会，使他借机推销和销售树木造型设计。要使客户和公众相信将一棵枝叶短小的植物修剪和设计成动物或其他形象是一种很高雅的事，这本身就是一件极富挑战的事。他相信，辛勤的劳动和过去两年的无数不眠之夜是有回报的。在过去的6个月里，客户对他的"绿雕塑"的需求一直在稳步上升。

如今，他在考虑将业务扩展到范围更大的地区。这需要扩大作坊规模以及雇用更多的员工。此时缺少的是支持他这一决定的调研。Maurice的一个好朋友建议他联系当地大学的卓越调研中心（CME）。通过收取极少的费用或免费提供学生工来完成营销调研服务，CME与很多不同的小企业合作过，学生也从这些活动中受益，获取了进行营销调研和为社会提供珍贵服务的机会。

5个学生与他们的营销教授过来会见Maurice并熟悉了他的业务。Maurice向这些调研者讲了公司的历史，分享了他对预期扩张的看法。首先，调研团队认为确定总体消费者对HT的认知和对它扩张的可能反应是很重要的。其次，团队感到定义HT的目标市场（比如，批发商和零售顾客）将是一个关键性的要素。最后，要想做出一项可靠的商业决策，需要对消费者和花商人口统计特征进行透彻了解。双方同意让CME代表Maurice和绿雕塑作坊进行这项调研。

CME团队拟定了一份针对中高收入家庭的问卷。拟定这份问卷的目的是要确定消费者人口统计的特征，比如处所、教育水平、婚姻状况、职业、收入水平、年龄以及潜在顾客的处所。还对本地花商进行了调查以确定HT开发批发业务潜力的可行性。调查样本大小为100，包括80位消费者和20位花商。所有的数据都是通过设计好的要满足本项目特定调研目标的结构问卷收集的。

> 大约两个月后，London博士和他的学生向Maurice提交了一份书面报告，其中包括了多条建议和图表说明，如调查对象是如何知道绿雕塑作坊的，对绿雕塑作坊的了解，对绿雕塑作坊的经营建议等。

在此案例中，我们不仅了解了市场调查的众多类型，同时也了解到市场调查在实际应用中的具体操作程序，同时也能更加具体地理解了市场调查的内容。

（1）在调查前做准备和确定目标时，调研团队把绿雕塑作坊市场分为批发市场和零售市场，进而对其进行细致调查。

（2）根据购买商品的目的不同，市场调查可分为消费者市场调查和产业市场调查。绿雕塑作坊调研团队在调查前把对消费者和花商人口统计特征的透彻了解作为一项重要的目标和任务，这就区分了消费者市场和产业市场；在进行样本选择时，调查团队也分别抽取消费者和花商进行问卷调查。

（3）绿雕塑作坊市场调查中，所有的样本都是针对中高收入家庭的问卷调查。也就是说，此市场调查是非全面调查。根据调查方式的不同，市场调查可以分为全面调查和非全面调查。而此项调查就是对市场对象总体中的一部分单位进行调查的非全面调查。

（4）绿雕塑作坊市场调查也是遵循市场调查的基本程序的。首先，了解历史情况，确定调查工作和目标，确定调查人员等，这都是进行市场调查的准备工作。其次，选择样本，搜集问卷资料。最后，进行统计分析，形成有决策参考价值的书面报告和经营建议等。

（5）此项调查的对象不仅包括市场经济环境（如人口、收入水平、消费水平及结构等），还包括社会教育等市场社会文化环境。这些充分表现了市场调查内容的复杂性和多样性。

3.2.1 市场调查的主要内容及调查步骤

1. 市场调查的内容

市场调查所涉及的内容很广泛，各种调查者都出于不同的调查目的和要求。其市场调查内容各有侧重，主要包括以下三大内容。

（1）市场环境调查。消费者的任何活动离不开所处的社会环境，企业的生产、经营活动也一样。一个地区的社会环境是由政治、经济、文化、气候、地形等因素组成的，而这些因素往往是企业自身难以驾驭和影响的。只有充分地了解和适应市场环境，并将其为我所用，才能取得成功。

对市场环境调查的内容大致有以下几个方面：

3.2 市场调查设计

① 市场政治环境调查。市场政治环境主要是指国家各项政策、方针、法规等对市场活动的影响。市场政治环境调查，主要是了解国家有关政策、方针和法规的具体内容，如国家在一定历史时期的工农业生产发展的方针政策、工资政策、物价政策、税收和信贷政策、对外贸易政策等；又如企业法、经济合同法、环境保护法、商标法、消费者权益法等。这些具体的方针政策和法规，对市场有着直接影响，是进行市场调查时必须认真分析和了解的内容。

② 市场经济环境调查。市场的经济环境主要是指市场所处的人口、收入水平、消费水平及结构、国民经济比例关系等方面的环境。

a．经济发展水平。它主要影响市场容量和市场需求结构，经济发展水平高，就业人口会相应增加。而失业率低、企业开工率高以及经济形势宽松，必然引起消费需求的增加和消费结构的改变。反之，需求量就会减少。

b．经济特征。它包括某一国家或地区的人口、收入、自然资源及经济基础结构等，这些因素都在不同程度上影响市场，如每一个国家和地区由于资源条件的不同，总是对缺乏的资源或产品产生需求；此外，重工业区、农业区等某种行业比较集中的地方，因其市场需求也有自己的特点，所以某种产品的适用程度也会有所不同。

c．贸易政策和法规。国外市场的贸易政策和法规，是进入国际市场的企业必须了解的情况。有关贸易的政策和法规，包括该国的税情况、配额分配情况、国内税、货物管制措施以及卫生与安全规定等。在贸易保护主义日益加重的情况下，各国的非关税壁垒也日益严重，如果不全面了解当地的有关法规，必然会导致经营的失败。

③ 市场社会文化环境调查。市场社会文化环境，主要是指消费者的文化水平、社会教育水平、民族与宗教状况、社会价值观念及社会物质文化水平等。

以上所述社会环境的各个因素并不以企业的意志为转移，因此，做市场调查时，首先要对企业所处的环境进行调查，以便对这些不可控制因素的特征有充分的了解，从而避免在经营中出现与周围环境相冲突的情况，并尽量利用环境中有利于企业发展的方面，保证经营活动的顺利进行。

（2）市场商品需求调查。市场商品需求调查的内容有以下几方面。

1）人口构成。从商品需求的角度了解人口的构成，主要是对人口的年龄、性别、民族、职业、文化程度、地区构成进行调查，以便分析和研究由此引起的商品需求的状况和变动规律。

由于人口的性别、年龄、职业、文化程度、民族等的不同，其消费投向会有很大的差异。就消费者的性别而言，女性消费者在美容、服装、零食方面的开销较大；而男性消费者则在烟酒、社交方面的开销较大。就年龄来讲，儿童在食品、玩具方面的支出占很大比重；青年则崇尚时髦和新奇的商品，对新产品认可过程很快；老年人则更注重商品的实用性和营养、保健方面的功能。就职业而言，不同的职业收入水平的差异及职业特点的需要，使消费投向的特点也很明显。大公司的职员由于收入水平高，追求名牌、突出身份的观念就较强；而一般企事业单位的职工相比之下就喜欢价廉物美的商品；从事教育及科研工作的消费者，则将很多花费用在书籍、报纸、杂志的购买上。

2）家庭。家庭规模也就是家庭的人口数。家庭人口数多，对商品的需求量就大。但购买力的大小则要视就业人员占家庭总收入的比重而定。目前，我国的家庭规模呈逐渐缩小的趋势，两个大人一个子女的家庭类型已具有普遍性。由于家庭人口不多，且两人只负担一个孩子，所以，这样的三口之家具有的购买力的潜力就很大。此外，他们用于耐用消费品、奢侈品及装饰品等方面的开支也不断增长。

在家庭构成上，过去四世同堂的家庭构成已越来越让位于三口之家。由于大家庭分解为若干独立的小家庭，每个单独的小家庭需要完备的家庭用品等设施，因此，对商品的需求量必然增加。随着近几年经济的迅速发展，住房条件的不断改善，家庭装饰材料及大件高值家用电器的需求量逐年稳步上升的情况正好说明了这点。

3）消费心理和购买行为。消费心理是消费者在满足需求过程中产生的意愿或认识。消费心理对消费行为起着支配作用。

消费者心理需要是促成消费者购买行为的关键因素。由于心理需要具有多变性、多样性和复杂性，所以，非常有必要调查消费者出于何种心理需要来购买某种商品，怎样去迎合这种心理需要，进而进行产品的宣传。

消费者心理需要求表现为：① 习俗心理需要。由于消费者所处地理环境、风俗习惯、宗教信仰、传统观念以及种族的不同所存在的不同心理需要。② 同步心理需要。在社会风气、潮流、时尚的影响下，赶时髦、随潮流的心理需要。③ 偏爱心理的需要。受心理素质、文化程度、业余爱好、职业习惯和生活环境的影响，产生了对某种商品的特殊爱好。④ 经济心理需要。即注重经济实惠、价廉物美、货价相等的心理需要。⑤ 好奇心理需要。即对新事物、新构想的求知心理及追求新颖、奇特的心理需要。⑥ 便利心理需要。即要求购买方便、迅速、服务周到、热情，商品易携带、易维修和易使用的心理需要。⑦ 美观心理需要。要求商品美观、使人赏心悦目或产生舒适感的需要。⑧ 求名心理的需要。保证商品的质量以及体现一定的社会和经济地位而产生的挑选名牌、以商品品牌来决定购买与否的心理需要。在促成消费者发生购买行为的过程中，可能是一种也可能是多种心理需要发挥了作用，如果能抓住起关键作用的几种心理因素，在产品设计、外观包装、广告宣传等方面强化某种效果，就会达到促进购买、吸引顾客的目的。

购买行为类型。根据消费者购买行为的不同态度所进行的分类，主要分为：① 习惯型购买，即根据以往形成的习惯或效仿他人的经验来决定购买，表现为长期惠顾于某种型号的商品或某家商场，而且不易受外界的干扰。② 理智型购买，即根据自己的经验和学识判别商品，对商品进行认真的分析、比较和衡量后才做出决定，而不愿意外人介入。③ 感情型购买，即在购买时因感情因素的支配，容易受到某种宣传和广告的吸引，经常以商品是否能符合感官的需要进行购买。④ 冲动型购买，即消费者为商品的某方面（商

3.2 市场调查设计

标、样式、价格等）强烈吸引，迅速做出购买决策，而不愿对商品做反复比较。⑤经济型购买，即消费者多从经济方面着眼考虑购买，特别是对价格非常敏感，购买高级商品以求好，而购买低级商品以求廉的购买行为。⑥随意型购买，即消费者缺乏购买经验，或随大流，或奉命购买，并乐于听取别人的指教。

尽管企业的营销管理人员无法直接塑造或操纵消费者文化、家庭的建立以及人格或其他心理特征，但可以通过调查来了解这些因素，以便能以积极主动的方法去影响消费者的决策过程。在经营过程中，完全有必要，也有可能以消费者的购买方式和方向为基础，来进行信息传递和输送，以此说服他们对某一特定产品、服务或社会活动采取实际行动。

4）市场占有率调查。市场占有率是指生产或营销企业的商品数量在市场同类商品总数量中占的比重。市场占有率是用相对指标研究市场需求量。提高市场占有率是每个生产和营销企业的愿望。企业商品市场占有率是由一定时期内本企业某种商品销售量（额）与市场上同类商品总销售量（额）的统计资料，加以测算得到该商品的市场占有率指标。为此企业不但要做好本企业的商品销售统计，而且要搜集市场商品销售的资料，及时核算市场占有率，了解企业在市场中的地位，以便采取措施，提高企业经济效益。

（3）市场商品流通渠道调查。市场商品流通渠道，是指商品从生产者手中转移到消费者手中的途径和过程。我国商品流通有多种渠道，具体形式主要有：生产者—代理商—批发企业—零售企业—消费者；生产者—批发企业—零售企业—消费者；生产者—零售企业—消费者；生产者—消费者。

市场商品流通渠道畅通，是保证商品从生产者手中顺利到达消费者手中的必要条件。对于市场商品流通渠道的调查，从宏观上看，其主要是调查各种不同所有制的企业或个人，农、工、商经济实体，以及它们之间的各种联营形式，在流通渠道中的地位、作用、比例等，并通过长期调查，研究其发展变化的特点和规律。从微观上，主要是弄清企业的购、销渠道，商品流转状况，其他企业对本企业营销活动的影响等，达到选择适当的流通渠道，有效地组织商品购、销、存，降低企业的流通费用，提高企业经济效益的目的。

上述市场调查的内容，仅仅是综合地归纳了市场调查的主要内容。不同的企业，根据不同的目的，会具体确定市场调查的重点，也会通过市场调查使企业的经济效益得到提高。

2. 市场调查的步骤

市场调查是一种有目的、有计划进行的调查研究活动，是正确认识市场现象本质和规律性的过程。科学的市场调查必须按照一定的步骤进行，保证市场调查的顺利进行和达到预期的目的。

市场调查的步骤大致可分为四个阶段。

(1)市场调查的准备阶段。市场调查的准备阶段是市场调查的决策、设计、筹划阶段。这个阶段的具体工作有三项，即确定调查任务，设计调查方案，组建调查队伍。合理确定调查任务是做好市场调查的首要前提；科学设计调查方案是保证市场调查取得成功的关键；认真组建调查队伍是顺利完成调查任务的基本保证。准备阶段对市场调查具有重要意义，它是整个调查的起点。市场调查的领导者和组织者，必须花相当大的力量做好这一阶段的各项工作。

(2)市场调查搜集资料阶段。在确定了调查课题，设计好了市场调查方案，组建起调查队伍之后，就进入市场搜集资料阶段。搜集资料阶段的主要任务是，采取各种调查方法，按照调查方案的要求，搜集市场资料。

在整个市场调查工作中，调查搜集资料阶段是唯一的现场实施阶段，是取得市场第一手资料的关键阶段。在此阶段，调查人员的接触面很广，工作量很大，所遇到的情况比较复杂，出现的问题也较多。市场调查的组织者必须集中精力做好外部协调工作和内部指导工作，力求以最少的人力、最短的时间、最好的质量完成搜集资料的任务。市场调查的资料是分析研究市场的依据，就像生产产品必须有原材料一样。市场调查搜集的资料，必须真实准确、全面系统，否则准备阶段的工作和研究阶段的工作都会失去意义。

(3)市场调查研究阶段。市场调查研究阶段的主要任务是对市场搜集资料阶段取得的资料进行鉴别与整理，并对整理后的市场资料做统计分析，并开展理论研究。

鉴别资料就是对市场搜集资料阶段取得的市场资料，包括对全部文字资料和数字资料做全面的审核。审核的目的是消除资料中虚假、错误、短缺等现象，以保证原始资料的真实、准确和全面性。

整理资料是对鉴别后的市场资料，进行初步加工，使调查得到的反映市场现象个体特征的资料系统化、条理化，以简明的方式反映市场现象总体的特征。对资料的整理主要是应用分组分类方法，对调查资料按研究问题的需要和市场现象的本质特征做不同的分类。

(4)市场调查总结阶段。总结阶段是市场调查的最后阶段，它的主要任务是撰写市场调查报告，总结调查工作，评估调查结果。

调查报告是市场调查研究成果的集中体现，是对市场调查工作最集中的总结。撰写调查报告是市场调查的重要环节，必须使调查报告在理论研究或实际工作中发挥重要作用。此外，还应对调查工作的经验教训加以总结，为今后的市场预测工作打下基础。评估调查结果，主要是在学术成果和应用成果两方面，对市场调查加以评估，目的是总结市场调查所取得成果价值。认真做好总结工作，对于提高市场调查研究的能力和水平，有很重要的作用。

在市场调查的实际工作中，市场调查的各阶段是相互联系的，有机地构成了市场调查的完整过程。

3.2.2 市场调查的问卷设计及调查报告

引导案例

南山学院单放机市场调查计划书

一、前言

单放机又称随身听，是一种集娱乐性和学习性于一体的小型电器，因其方便实用而在大学校园内广为流行。目前各高校都大力强调学习英语的重要性，南山学院已经把学生英语能否过四级和学位证挂钩。为了练好听力，南山学院学子几乎人人都需要单放机，市场容量巨大。某单放机产品生产商想要扩大自己的产品在南山学院的市场占有率，那么就必须评估南山学院单放机的行销环境，制定相应的营销策略，预先进行南山学院单放机市场调查。本次市场调查将以市场环境、消费者、竞争者为中心来进行。

二、调查目的

详细了解南山学院单放机市场各方面的情况，为该产品在南山学院的扩展制定科学合理的营销方案提供依据。

1. 全面摸清企业品牌在消费者中的知名度、渗透率、美誉度和忠诚度。
2. 全面了解本品牌及主要竞争品牌在南山学院的销售现状。
3. 全面了解目前南山学院主要竞争品牌的价格、广告、促销等营销策略。
4. 了解南山学院消费者对单放机电器消费的观点、习惯。
5. 了解南山学院在校学生的人口统计学资料，预测单放机市场容量及潜力。

三、调查内容

市场调研的内容要根据市场调查的目的来确定。市场调研分为内、外调研两个部分，此次单放机调研主要运用外部调研，其主要内容有：

（一）行业市场环境调查

主要的调研内容有：

1. 南山学院单放机市场的容量及发展潜力。
2. 南山学院该行业的营销特点及行业竞争状况。
3. 学校教学、生活环境对该行业发展的影响。
4. 当前南山学院单放机种类、品牌及销售状况。
5. 南山学院该行业各产品的经销网络状态。

（二）消费者调查

主要的调研内容有：

1. 消费者对单放机的购买形态（购买过什么品牌、购买地点、选购标准等）与消费心理（必需品、偏爱、经济、便利、时尚等）。

2. 消费者对单放机各品牌的了解程度（包括功能、特点、价格、包装等）。
3. 消费者对品牌的意识、对本品牌及竞争品牌的观念及品牌忠诚度。
4. 消费者平均月开支及消费比例的统计。
5. 消费者理想的单放机描述。

（三）竞争者调查

主要的调研内容有：
1. 主要竞争者的产品与品牌优、劣势。
2. 主要竞争者的营销方式与营销策略。
3. 主要竞争者的市场概况。
4. 本产品主要竞争者的经销网络状态。

四、调研对象及抽样

因为单放机在高校具有普遍性，全体在校学生都是调查对象，但因为家庭经济背景的差异，全校学生月生活支出还是存在较大的差距，这导致消费购买习惯的差异性，因此他（她）们在选择单放机的品牌、档次、价格上会有所不同。为了准确、快速地得出调查结果，此次调查决定采用分层随机抽样法：先按其住宿条件的不同分为两层（住宿条件基本上能反映各学生的家庭经济条件）——公寓学生与普通宿舍学生，然后再进行随机抽样。此外，分布在南山学院校内外的各经销商、专卖店也是本次调查的对象，因其规模、档次具有差异性，所以决定采用判断抽样法。

具体情况如下：

消费者（学生）：300名，其中住公寓的学生占50%。

经销商：10家，其中校外5家。

大型综合商场：1家。

中型综合商场：2家。

专卖店：2家。

校内：5家。

综合商场：3家。

专卖店：2家。

消费者样本要求：
1. 家庭成员中没有人在单放机生产单位或经销单位工作。
2. 家庭成员中没有人在市场调查公司或广告公司工作。
3. 消费者有在最近半年中没接受过类似产品的市场调查测试。
4. 消费者所学专业不能为市场营销、调查或广告类。

五、调查员的规定、培训

（一）规定

1. 仪表端正、大方。

3.2 市场调查设计

2. 举止谈吐得体,态度亲切、热情。
3. 具有认真负责、积极的工作精神及职业热情。
4. 访员要具有把握谈话气氛的能力。
5. 访员要经过专门的市场调查培训,专业素质好。

(二)培训

培训必须以实效为导向,采用开培训班、集中讲授的方法进行,而且要聘请有丰富经验的调查人员面授调查技巧、经验。他们对学员进行思想道德方面的教育,使之充分认识到市场调查的重要意义,并具有强烈的事业心和责任感。

六、人员安排

根据我们的调研方案,本次调研需要的人员有三种:调研督导、调查人员、复核员。具体配置如下:

调研督导:1名。

调查人员:20名(其中15名对消费者进行问卷调查、5名对经销商进行深度访谈)。

复核员:1~2名,可由督导兼职,也可另外招聘。

如有必要还将配备辅助督导(1名),协助进行访谈、收发和检查问卷与礼品。问卷的复核比例+为全部问卷数量的30%,全部采用电话复核方式进行,复核时间为问卷回收的24小时内。

七、市场调查方法及具体实施

1. 对消费者以问卷调查为主,具体实施方法如下:

在完成市场调查问卷的设计与制作以及调查人员的培训等相关工作后,就可以开展具体的问卷调查了。把调查问卷平均分发给各调查人员,统一选择中餐或晚餐后这段时间开始调查(因为此时学生们大多待在宿舍里,便于集中调查,能够给本次调查节约时间和成本)。调查员在进入各宿舍时说明来意,并特别声明在调查结束后将赠送被调查者精美礼物一份以吸引被调查者的积极参与,并且得到正确有效的调查结果。调查过程中,调查员应耐心等待,切不可督促。记得一定要求其在调查问卷上写明学生姓名、所在班级、寝室、电话号码,以便以后的问卷复核。调查员可以在当时收回问卷,也可以第二天收回(这有利于被调查者充分考虑,得出更真实有效的结果)。

2. 对经销商以深度访谈为主:

由于调查形式的不同,对调查者所提出的要求也有所差异。与经销商进行深度访谈的调查者(访员)相对于实施问卷调查的调查者而言,其专业水平要求更高一些。因为时间较长,调查员对经销商进行深度访谈以前一般要预约好时间并承诺给付一定的报酬,访谈前调查员要做好充分的准备,并列出调查所要了解的所有问题。调查者在访谈过程中应占据主导地位,把握整个谈话的方向,能够准确筛选谈话并快速做好笔记,以得到真实有效的调查结果。

3. 通过网上查询或资料查询调查南山学院人口统计资料。

调查者查找资料时应注意其权威性及时效性,以尽量减少误差。

八、调查程序及时间安排

市场调研大致来说可分为准备、实施和结果处理三个阶段。

1. 准备阶段:它一般分为界定调研问题、设计调研方案、设计调研问卷或调研提纲三个部分。

2. 实施阶段:根据调研要求,采用多种形式,由调研人员广泛地收集与调查活动有关的信息。

3. 结果处理阶段:将收集的信息进行汇总、归纳、整理和分析,并将调研结果以书面的形式——调研报告表述出来。

在客户确认项目后,有计划地安排调研工作的各项日程,用以规范和保证调研工作的顺利实施。按调研的实施程序,可分七个小项来对时间进行具体安排:

调研方案、问卷的设计:3个工作日。

调研方案、问卷的修改、确认:1个工作日。

项目准备阶段(人员培训、安排):1个工作日。

实地访问阶段:4个工作日。

数据预处理阶段:2个工作日。

数据统计分析阶段:3个工作日。

调研报告撰写阶段:2个工作日。

论证阶段:2个工作日。

九、经费预算(单位:元)

1. 策划费:1 500。

2. 交通费:500。

3. 调查人员培训费:500。

4. 公关费:1 000。

5. 访谈费:1 000。

6. 问卷调查费:1 000。

7. 统计费:1 000。

8. 报告费:500。

总计:7 000。

十、附录

参与人员:

项目负责人:颜儒葵。

调查方案、问卷的设计:待定。

3.2 市场调查设计

> 调查方案、问卷的修改：待定。
> 调查人员培训：待定。
> 调查人员：待定。
> 调查数据处理：待定。
> 调查数据统计分析：待定。
> 调查报告撰写：待定。
> 论证人员：待定。
> 调查计划书撰写：×××。

1. 市场调查的问卷设计

调查问卷又称调查表或询问表，它是社会调查的一种重要工具，用以记载和反映调查内容和调查项目的表式。

（1）问卷的组成部分。

一份正式的调查问卷一般包括以下三个组成部分：

① 前言。主要说明调查的主题、调查的目的、调查的意义，以及向被调查者表示感谢。

② 正文。这是调查问卷的主体部分，有若干问题，要求被调查者回答。

③ 附录。这一部分可以将被调查者的有关情况加以登记，为进一步的统计分析收集资料。

（2）问卷的功能。

① 能正确反映调查目的，能使被调查者乐意合作，协助达到调查目的。

② 能正确记录和反映被调查者回答的事实。

③ 统一的问卷还便于资料的统计和整理。

（3）问卷设计的原则。

问卷设计时应注意如下原则：

① 问卷上所列问题应该都是必要的，可要可不要的问题不要列入。

② 所问问题是被调查者所了解的。所问问题不应是被调查者不了解或难以答复的问题。使人感到困惑的问题会让你得到的是"我不知道"的答案。在"是"或"否"的答案后应有一个"为什么"，回答问题所用时间最多不超过半小时。

③ 在询问问题时不要转弯抹角。如果想知道顾客为什么选择你的店铺买东西，就不要问："你为什么不去张三的店铺购买？"你这时得到的答案是他们为什么不喜欢张三的店铺，但你想了解的是他们为什么喜欢你的店铺。根据顾客对张三店铺的看法来了解顾客为什么喜欢你的店铺可能会导致错误的推测。

④ 注意询问语句的措辞和语气。在措辞和语气方面，一般应注意以下几点：

a. 问题要提得清楚、明确、具体。
　　b. 要明确问题的界限与范围，问句的字义（词义）要清楚，否则容易误解，影响调查结果。
　　c. 避免用引导性问题或带有暗示性的问题。
　　d. 避免提出使人尴尬的问题。
　　e. 对调查的目的要有真实的说明，不要说假话。
　　f. 需要理解他们所说的一切。利用问卷做面对面访问时，要注意给回答问题的人足够的时间，让人们讲完其要讲的话。为了保证准确性，要将答案向调查对象重念一遍。
　　g. 不要对任何答案做出负面反应。如果答案使你不高兴，不要显露出来。如果别人回答从未听说过你的产品，那说明他们一定没听说过。这正是你做调查的原因。
　　（4）调查问卷提问的方式。
　　调查问卷提问的方式可以分为以下两种形式：
　　① 封闭式提问。也就是在每个问题后面给出若干个选择答案，被调查者只能在这些被选答案中选择自己的答案。
　　② 开放式提问。就是允许被调查者用自己的话来回答问题。由于采取这种方式提问会得到各种不同的答案，不利于资料统计，因此在调查问卷中不宜过多。
　　（5）调查问卷的设计要求。
　　在设计调查问卷时，设计者应该注意遵循以下基本要求：
　　① 问卷不宜过长，问题不能过多，一般控制在20分钟左右回答完毕。
　　② 能够得到被调查者的密切合作，充分考虑被调查者的身份背景，不要提出对方不感兴趣的问题。
　　③ 要有利于使被调查者做出真实的选择，因此答案切忌模棱两可，使对方难以选择。
　　④ 不能使用专业术语，也不能将两个问题合并为一个，以至于得不到明确的答案。
　　⑤ 问题的排列顺序要合理，一般先提出概括性的问题，逐步启发被调查者，做到循序渐进。
　　⑥ 将比较难回答的问题和涉及被调查者个人隐私的问题放在最后。
　　⑦ 提问不能有任何暗示，措辞要恰当。
　　⑧ 为了有利于数据统计和处理，调查问卷最好能直接被计算机读入，以节省时间，提高统计的准确性。
　　（6）问卷调查设计需要注意事项。
　　① 问卷必须紧密与调查主题相关。违背了这样一点，再漂亮或精美的问卷都是无益的。而所谓问卷体现调查主题，其实质是在问卷设计之初要找出与"调查主题相关的要素"。
　　如："调查某化妆品的用户消费感受"，对于这个主题，并没有一个现成的选择要

3.2 市场调查设计

素的法则。但从问题出发，特别是结合一定的行业经验与商业知识，要素是能够被寻找出来的：一是使用者（可认定为购买者），包括她（他）的基本情况（如性别、年龄、皮肤性质等），使用化妆品的情况（是否使用过该化妆品、使用周期、使用化妆品的日常习惯等）。二是购买力和购买欲，包括她（他）的收入水平、受教育程度、职业等，化妆品消费特点（品牌、包装、价位、产品外观等），使用该化妆品的效果。三是产品本身，包括对包装与商标的评价、广告等促销手段的影响力、与市场上同类产品的横向比较等。应该说，具有了这样几个要素，对调查主题要素的选择是有直接帮助的。被访问者也相对容易了解调查员的意图，从而予以配合。

② 问题的设置要具有普遍意义。这是问卷设计的一个基本要求，违背这一点不仅不利于调查结果果的整理分析，而且会使调查委托方轻视调查者的水平。如进行一个"居民广告接受度"的调查：

问题：你通常选择哪一种广告媒体：

答案：A. 报纸；B. 电视；C. 杂志；D. 广播；E. 其他

而如果答案是另一种形式：

A. 报纸；B. 车票；C. 电视；D. 墙幕广告；E. 气球；F. 大巴士；G. 广告衫；H. ……

如果统计指标没有那么细（或根本没必要），那么就犯了一个"特殊性"的错误，从而导致某些问题的回答实际上对调查是无助的。

在一般性的问卷技巧中，需要注意的是，不能犯问题内容上的错误。如：

问题：你拥有哪一种信用卡？

答案：A. 长城卡；B. 牡丹卡；C. 龙卡；D. 维萨卡；E. 金穗卡

其中D项的设置是错误的，应该避免。

③ 问卷的设计要有整体感。整体感即问题与问题之间要具有逻辑性，即便是相对独立的问题，也不能出现逻辑上的谬误，这样的话，问卷才能成为一个相对完善的小系统。如：

问题：

1. 你通常每日读几份报纸？

A. 不读报；B. 1份；C. 2份；D. 3份以上；

2. 你通常用多长时间读报？

A. 10分钟以内；B. 半小时左右；C. 1小时；D. 1小时以上；

3. 你经常读的是下面哪类（或几类）报纸？

A. ×市晚报；B. ×省日报；C. 人民日报；D. 参考消息；E. 中央广播电视报；F. 足球……

在以上的几个问题中，由于问题设置紧密相关，因而能够获得比较完整的信息。调查对象也会感到问题集中、提问有章法。相反，假如问题是发散的、带有意识流痕迹的，问卷就会给人以随意性而不是严谨性的感觉。因此，逻辑性的要求是与问卷的条理性、程序性分不开的。在一个综合性的问卷中，调查者将差异较大的问卷分块设置，可以保证每个"分块"的问题都密切相关。

④ 所问问题要清晰明确，便于回答。如上文问题中"10分钟""半小时左右""1小时"等设计即是十分明确的。统计后会告诉我们：用时极短（浏览）的概率为多少；用时一般（粗阅）的概率为多少；用时较长（详阅）的概率为多少。反之，答案若设置为"10～60分钟"，或"1小时以内"等，则不仅不明确、难以说明问题，而且令被访问者也很难作答。

再则，问卷中常有"是"或"否"一类的是非式命题。如：

问题：您的婚姻状况：

答案：A. 已婚；B. 未婚

显而易见，此题还有第三种答案（离婚／丧偶／分居）。如按照以上方式设置则不可避免地会发生选择上的困难和有效信息的流失。其问题即在于问卷违背了"明确性"的原则。

⑤ 问题设置要客观，不参与提示或主观臆断，完全将被访问者的独立性与客观性摆在问卷操作的限制条件的位置上。如：

问题：你认为这种化妆品对你的吸引力在哪里？

答案：A. 色泽；B. 气味；C. 使用效果；D. 包装；E. 价格；F. ……

这种设置是客观的。若换一种答案设置：

A. 迷人的色泽；B. 芳香的气味；C. 满意的效果；D. 精美的包装……

这样一种设置则具有了诱导和提示性，从而在不自觉中掩盖了事物的真实性。

⑥ 便于整理、分析。成功的问卷设计除了考虑到紧密结合调查主题与方便信息收集外，还要考虑到调查结果的容易得出和调查结果的说服力。这就需要考虑问卷在调查后的整理与分析工作。

问卷设计举例

新农村建设调查问卷

亲爱的同志：

您好！我们组织这次"建设社会主义新农村调查活动"的目的是准确了解当地社会主义新农村建设的真实状况，并及时掌握广大农民群众对社会主义新农村建设的心声和期盼，从而为党和政府制定社会主义新农村建设的相关政策提供决策依据。

填写本表是不记名的，希望您在填表时不要有任何顾虑，实事求是地在＿＿内填写和在□内酌情打✓。

谢谢您真诚的合作！

您的年龄：＿＿＿＿，性别：＿＿＿＿，民族：＿＿＿＿，文化程度：＿＿＿＿，

政治面貌：＿＿＿＿，居住地：＿＿＿＿，

家庭经济收入：较好□　　　　中等□　　　　困难□

3.2 市场调查设计

1. 党中央提出建设社会主义新农村，对这一举措，您是：
   A. 已知道，非常关心 □ B. 听说过，不太清楚 □
   C. 还不知道 □
   如果知道，从什么渠道知道？
   A. 领导讲话中 □ B. 上级文件中 □
   C. 广播电视新闻媒体中 □ D. 其他途径 □
2. 您认为新农村建设重要吗？
   A. 重要 □ B. 不重要 □
   C. 无所谓 □
3. 您认为新农村建设过程中需要突出解决的首要问题是：
   A. 资金的保证 □ B. 乡风民俗的改善 □
   C. 规划的制定 □ D. 其他（请填写您的意见）_____
4. 您认为社会主义新农村应该"新"在哪里？
   A. 新的思想观念 □ B. 新的村容村貌 □
   C. 新的生产设施 □ D. 新的生活习惯 □
5. 在新农村建设中您最担心出现哪些问题？
   A. 自筹资金比例过高 □ B. 有人从中以权谋私 □
   C. 出现豆腐渣工程 □ D. 生活没有得到改善 □
   E. 成为政绩或形象工程 □ F. 其他（请填写您的意见）_____
6. 对于建设社会主义新农村，您认为目前最大的困难是：
   A. 缺少资金 □ B. 缺少技术 □
   C. 信息不畅，农产品产销难 □ D. 其他（请填写您的意见）_____
7. 如果建设社会主义新农村需要您出工出力，您是否支持？
   A. 支持 □ B. 视情况而定 □
   C. 不支持 □
8. 如果以村为单位，村民以山林、土地等入股组建股份制开发公司，您的想法是：
   A. 愿意参加 □ B. 需要加以考虑 □
   C. 不愿意参加 □
9. 您认为以村为单位组织农业生产资料和家用大件商品集体团购招标：
   A. 可行 □ B. 很难说可行与否 □
   C. 不可行 □
10. 为改善投资环境和生活条件，组织农民义务兴修基础设施，您的想法是：
    A. 乐意参加 □ B. 不想参加 □
    C. 给一定补贴才参加 □
11. 发展农村经济，如果政府提供技术培训，您最希望得到哪项培训？

　　　　A. 农业种养知识培训 □　　　B. 外出打工技能培训 □
　　　　C. 其他（请填写您的意见）_____
12. 您对目前的家庭生活质量：
　　　　A. 比较满意 □　　　　　　　B. 感觉一般 □
　　　　C. 感到生活压力很大 □
13. 您认为自己收入不高的影响因素是：
　　　　A. 本地经济不发达，收入渠道不多 □
　　　　B. 农产品价格较低，从事农业生产效益相对较低 □
　　　　C. 自身素质和科技文化水平不高 □
14. 您收入增加，有了剩余资金时会选择：
　　　　A. 利用剩余资金再投资以发展生产 □
　　　　B. 购置大件商品、建房等改善生活条件 □
　　　　C. 存进银行以备用 □
15. 您认为现在农民的税费负担：
　　　　A. 还比较重 □　　　　　　　B. 一般 □
　　　　C. 比较低 □
16. 孩子上学的费用您能够承受吗？
　　　　A. 可以 □　　　　　　　　　B. 勉强可以 □
　　　　C. 承受不了 □
17. 您对参加农村合作医疗的态度是：
　　　　A. 愿意积极参加 □　　　　　B. 随大流 □
　　　　C. 不想参加 □
18. 您获取各类信息的最主要渠道是：
　　　　A. 报纸、电视、网络等媒体 □　　B. 与人交谈 □
　　　　C. 阅读公告、通知、广告等 □
19. 您是否受到过威胁或侵害：
　　　　A. 受到过 □　　　　　　　　B. 间接受到影响 □
　　　　C. 没有受到过 □
20. 您认为办红白喜事应当：
　　　　A. 从简，移风易俗，将有限的资金用于发展生产 □
　　　　B. 量力而行 □
　　　　C. 赶上潮流，不落后于人 □
21. 您对目前的居住环境：
　　　　A. 比较满意 □　　　　　　　B. 感觉一般 □
　　　　C. 感到不满意 □

3.2 市场调查设计

22. 如果村里召开建设社会主义新农村经济工作大会，您将：
 A. 积极参加，并提出意见与建议 □
 B. 只参加，不发言 □
 C. 不参加 □
23. 您对村领导班子：
 A. 非常满意 □　　　　　　　B. 基本满意 □
 C. 不满意 □
24. 您对村务公开状况：
 A. 很满意 □　　　　　　　　B. 比较满意 □
 C. 不满意 □
25. 您认为加强农村基层组织建设当务之急是什么？
 A. 选好村党支部班子和村委会 □
 B. 推进政务公开和民主管理 □
 C. 积极推进村级组织活动场所建设 □
 D. 加强农村基层干部队伍建设 □
26. 您对新农村建设工作有哪些意见和要求？

2. 市场调查报告

市场调查报告就是根据市场调查、收集、记录，整理和分析市场对商品的需求状况以及与此有关的资料的文书。换句话说就是用市场经济规律去分析，进行深入细致的调查研究，透过市场现状，揭示市场运行的规律、本质。市场调查报告是市场调查人员以书面形式，反映市场调查内容及工作过程，并提供调查结论和建议的报告。市场调查报告是市场调查研究成果的集中体现，其撰写的好坏将直接影响到整个市场调查研究工作的成果质量。一份好的市场调查报告，能给企业的市场经营活动提供有效的导向作用，能为企业的决策提供客观依据。

（1）特征。

① 针对性。市场调查报告是决策机关决策的重要依据之一，必须有的放矢。

② 真实性。市场调查报告必须从实际出发，只有通过对真实材料的客观分析，才能得出正确的结论。

③ 典型性。主要表现为两点：一是对调查得来的材料进行科学分析，找出反映市场变化的内在规律。二是报告的结论要准确可靠。

④ 时效性。市场调查报告要及时、迅速、准确地反映、回答现实经济生活中出现的新情况、新问题，突出"快""新"。

（2）一般格式。

从严格意义上说，市场调查报告没有固定的格式。市场调查报告的格式，主要依据调查的目的、内容、结果以及主要用途来决定。但一般来说，各种市场调查报告在结构上都包括标题、导言、主体和结尾几个部分。

① 标题。市场调查报告的标题即市场调查的题目。标题必须准确揭示调查报告的主题思想。标题要简单明了、高度概括，且要题文相符。如《××市居民住宅消费需求调查报告》《关于化妆品市场调查报告》《××产品滞销的调查报告》等，这些标题都很简明，能吸引人。

② 导言。导言是市场调查报告的开头部分，一般说明市场调查的目的和意义，介绍市场调查工作基本概况，包括市场调查的时间、地点、内容和对象以及采用的调查方法、方式，这是比较常见的写法。有的调查报告的导言中，先写调查的结论是什么，或直接提出问题等，这种写法能增强读者阅读报告的兴趣。

③ 主体。这是市场调查报告中的主要内容，是表现调查报告主题的重要部分。这一部分的写作直接决定调查报告的质量高低和作用大小。主体部分要客观、全面地阐述市场调查所获得的材料、数据，用它们来说明有关问题，得出有关结论；对有些问题、现象要做深入分析、评论等。总之，主体部分要善于运用材料来表现调查的主题。

④ 结尾。结尾主要是形成市场调查的基本结论，也就是对市场调查的结果做一个小结。有的调查报告还要提出对策措施，供有关决策者参考。

有的市场调查报告还有附录。附录的内容一般是有关调查的统计图表、有关材料出处、参考文献等。

（3）基本要求。

① 调查报告力求客观真实、实事求是。调查报告必须符合客观实际，引用的材料、数据必须真实可靠。不能弄虚作假，或为迎合上级的意图而挑他们喜欢的材料撰写。总之，要用事实来说话。

② 调查报告要做到调查资料和观点相统一。市场调查报告是以调查资料为依据的，即调查报告中所有观点、结论都以大量的调查资料为依据。在撰写报告过程中，要善于用资料说明观点，用观点概括资料，二者相互统一。切忌调查资料与观点相分离。

③ 调查报告要突出市场调查的目的。撰写市场调查报告，必须目的明确，有的放矢，任何市场调查都是为了解决某一问题，或者为了说明某一问题。市场调查报告必须围绕市场调查上表述的目的来进行论述。

④ 调查报告的语言要简明、准确、易懂。调查报告是给人看的，无论是厂长、经理，还是其他一般的读者，他们大多不喜欢冗长、乏味、呆板的语言，也不精通调查的专业术语。因此，调查报告语言要力求简单、准确、通俗易懂。

3.2 市场调查设计

课后练习

一、主要概念
SWOT分析法、市场调查、消费者市场。

二、判断题
1. 市场调查与预测专业机构的最主要职能是服务职能。（　　）
2. 综合性市场调查公司，使用标准的方法调查不同的对象，按照成型的模式标准提供调查数据和相关的分析报告，但其变化和灵活性较小。（　　）
3. 由于委托专业的市场调查与预测机构需要支付一定的费用，因此在需要开展市场调查活动时应尽量由企业内部人员自行调查。（　　）
4. 为了确保市场调查与预测活动的顺利进行，必须签订代理合约来明确双方应承担的义务、责任和享有的权利。（　　）
5. 选择市场调查与预测专业机构实施调查具有客观性和准确性的优点。（　　）
6. 委托人和市场调查代理公司二者的关系是管理控制的关系。（　　）
7. 在评估市场调查公司时，由于声誉是一个软性标准，所以可以不作评判。（　　）
8. 企业规模影响制约着市场调查预测的需求。（　　）
9. 标准化服务公司属于市场调查与预测行业结构图中的第二层次。（　　）
10. 书面训练的目的是消除访问员的恐惧和顾虑，使访问员熟练地运用口头访问的技巧。（　　）

三、单项选择题
1. 市场调查首先要解决的问题是（　　）。
   A．确定调查方法　　　　　　B．选定调查对象
   C．明确调查目的　　　　　　D．解决调查费用
2. 一般说来，下述几种调查方式中，（　　）对市场的调查更深入。
   A．探索性调查　　　　　　　B．描述性调查
   C．因果性调查
3. 市场调查工作中，（　　）阶段是现场实施阶段。
   A．搜集资料阶段　　　　　　B．研究阶段
   C．总结阶段
4. 在市场经济条件下，企业经营与市场的关系表现为（　　）。
   A．与市场可以有联系　　　　B．与市场可能有联系
   C．企业受市场的制约和调节　D．市场只提供机会
5. 企业对所在地市场的需求及其变化趋势进行市场预测称为（　　）。
   A．全国市场预测　　　　　　B．国际市场预测
   C．地区市场预测　　　　　　D．当地市场预测

第三章 市场调查

6. 企业为了了解市场表现开展市场调查，其目的是（   ）。
   A．市场调查　　　　　　　　　B．不直接的
   C．只是为预测提供基础　　　　D．为企业经营决策提供依据

7. 以年为时间单位对两年以上的市场发展前景进行预测称为（   ）。
   A．短期预测　　　　　　　　　B．近期预测
   C．中期预测　　　　　　　　　D．长期预测

8. 依据数字资料，运用统计分析和数学方法建立模型并做出预测值的方法称为（   ）。
   A．定量预测法　　　　　　　　B．定性预测法
   C．长期预测法　　　　　　　　D．短期预测法

9. 对产品质量的调查属于（   ）。
   A．需求调查　　　　　　　　　B．产品调查
   C．产品生命周期调查　　　　　D．价格调查

10. 当对调查问题一无所知时，宜采用（   ）。
    A．描述性调查　　　　　　　　B．因果性调查
    C．探索性调查　　　　　　　　D．入户调查

四、复习思考题

1. 简述市场调查的主要内容。
2. 简述市场调查的步骤。
3. 市场调查报告有哪些特点？
4. 什么是SWOT分析法？

五、案例分析题

磨刀不误砍柴工

两个樵夫阿德和阿财一起上山砍柴。

第一天，两人都砍了八捆柴。上山砍柴一定要早睡早起，才可以在天亮时抵达砍柴地点。阿德想：多砍一捆就多一份收入，我明天可要起得更早，在天亮之前抵达。阿财则在回家以后抓紧时间磨刀，并且准备第二天把磨刀石带上山。

第二天，阿德比阿财先到山上。他一开始就使尽浑身力气工作，一刻也不敢歇息。阿财虽然较迟上山，砍柴的速度却比昨天快，不一会儿，就追上了阿德的进度。

到了中午，阿财停了下来磨刀。他向阿德建议："不如你也休息一会儿吧。先把斧头磨一磨，再继续砍也不迟。家中的孩子闹着要吃野山楂，我们也可顺便采些回去。"阿德拒绝了阿财，心想：我才不想浪费时间。趁着你休息的时候，我还可以抓紧时间多砍几捆柴呢。

很快地，一天又结束了。阿德只砍了六捆柴，而阿财除了所砍的九捆柴，还采了一些哄孩子开心的野山楂。阿德百思不得其解，他想不通为什么自己那么努力，却没有阿财砍的柴多。

3.2 市场调查设计

第三天,阿德一边努力砍树,一边观察阿财工作的情况,他看不出阿财有什么秘诀,但砍得就是快。终于,阿德再也忍不住了,便问道:"我一直很努力地工作,连休息的时间也没有,为什么你砍的比我的还多,而且又快呢?"阿财看着他笑道:"砍柴除了技术和力气,更重要的是我们手里的斧头。我经常磨刀,刀锋锋利,所砍的柴当然比较多;而你从来都不磨刀,虽然费的力气可能比我还多,但是斧头却越来越钝,砍的柴当然就少啊。"

问题:
为什么阿德更努力却砍的柴不及阿财的多?

第四章 目标市场战略

教学目的要求：
1. 能掌握市场细分的含义及作用。
2. 能理解市场细分流程。
3. 能理解市场细分的原则及标准。
4. 能理解目标市场的选择方法。
5. 能掌握目标市场的概念。
6. 能理解选择目标市场应考虑的因素。
7. 能掌握市场定位的概念。
8. 能掌握企业进行市场定位的步骤。

教学重点难点：
1. 市场细分的含义及作用。
2. 市场细分的原则及标准。
3. 目标市场的概念。
4. 企业进行市场定位的步骤。

4.1 市场细分

引导案例

日本江崎糖业市场细分的分析

日本泡泡糖市场年销售额约为740亿日元,其中大部分为"劳特"所垄断,其他企业想再挤进泡泡糖市场谈何容易?但江崎糖业公司却对此毫不畏惧,成立了市场开发班子,专门研究"劳特"产品的不足和短处,寻找市场的缝隙。经过周密调查分析,终于发现了"劳特"的四点不足:

第一,以成年人为对象的泡泡糖市场正在扩大,而"劳特"却仍旧把重点放在儿童泡泡糖市场上;

第二,"劳特"的产品主要是果味型泡泡糖,而现在的消费者的需求正在多样化;

第三,"劳特"多年来一直生产单调的板条状泡泡糖,缺乏新型式样;

第四,"劳特"产品的价格是110日元,顾客购买时需要多掏10日元的硬币,往往感到不方便。

经过分析,江崎糖业决定以成人泡泡糖为目标市场,并制定了相应的营销策略;不久就推出了功能性泡泡糖四大产品:司机用泡泡糖,使用了高浓度薄荷和天然牛黄,以强烈的刺激消除司机的困倦;交际用泡泡糖,可清洁口腔,祛除口臭;体育用泡泡糖,内含多种维生素,有益于消除疲劳;轻松型泡泡糖,通过添加叶绿素,可以改变人的不良情绪。同时精心设计了产品的包装和造型,价格定为50日元和100日元两种,避免了找零的麻烦。功能性泡泡糖问世后,像飓风一样席卷全日本。江崎公司不仅挤进了由"劳特"独霸的泡泡糖市场,而且占领了一定的市场份额,当年销售额达到175亿日元。

营销启示:

通过市场细分,企业可以发现未被满足的消费需求,这是市场细分给予企业的营销机会。

4.1 市场细分

企业的生命在于它的产品或服务能为市场所接受。在经济全球化、市场国际化的现状下,任何企业无论其实力多强,规模多大,想要满足所有的需求与爱好,几乎是不可能的，只能选择其中一部分需求与爱好加以满足，究竟选择哪一部分需求与爱好呢？企业必须进行市场细分，以此来选择适合自己的目标市场。

4.1.1 市场细分的含义及作用

1. 市场细分的含义

市场细分是指企业根据消费者对产品不同的欲望与需求，不同的购买行为与购买习惯，把整个市场划分为若干个由相似需求的消费者组成的消费群体（小市场群），从而确定企业目标市场的活动过程。

2. 市场细分的作用

（1）有利于企业发现、选择合适的目标市场。企业通过市场细分，一方面，可以了解不同消费群体的需求情况，发现尚未满足或没有完全满足的顾客需求，避重就轻，选择最适合企业发展的目标细分市场；另一方面，可以掌握细分市场中其他竞争者实力及市场占有率，选择最适合企业发展的目标市场。

（2）有利于企业调整市场营销战略。企业在未细分的整体市场上一般只会采取一种市场营销组合，但由于整体市场上的需求差异较大，所以企业的营销活动不能取得满意的效果。整体市场需求变化较快，企业难以及时掌握，致使其营销活动往往缺少时效性。而在细分市场中，顾客需求基本相似，企业较容易地观察和估计顾客的反应，能密切注意市场需求的变化，进而准确迅速地调整营销策略，取得主动权。

（3）有利于企业更有效地使用企业资源，提高经济效益。企业通过市场细分，可以有的放矢地采取适当的市场营销计划，有针对性地满足细分市场中的消费者，从而集中使用资源，避免分散力量，取得最大的经济利益。

4.1.2 市场细分的程序

1. 选择市场并进行评估

企业首先选择市场范围或一种商品，这是市场细分的基础。选择的商品或市场范围应与企业目标、任务、发展方向相联系，与企业的资源、能力相适应。

2. 设计并组织调查

企业依据所确定的市场范围对有关联的消费者进行调查，以取得与细分标准和具体变

4.1 市场细分

量有关的数据和资料。

3. 选择标准和具体变量

采用有利于区别消费者不同需求的标准和具体变量来细分市场。不同市场有不同特点，细分市场所采用的标准和具体变量也有所不同。如消费者市场细分的标准有地理环境、人口因素、心理因素、购买行为等，每一项标准内各有若干个具体细分变量。而对生产者市场进行细分时，消费者市场细分的标准可以借用，除此之外，用户规模、用户地点、用户要求也可以作为生产者市场细分的标准和依据，它们内部也都有若干个细分的具体变量。企业就要在这些细分标准和具体的细分变量中，根据以往营销活动的结果和经验，进行选择。

4. 初步市场细分

企业通过对调查得到的资料进行分析，找出需求类型的特征，找出可能存在的细分市场，进行初步的市场细分。

5. 筛选细分市场

对初步分析的市场进筛选，确定最能发挥企业优势的、潜力较大的市场。

6. 分析细分市场

企业对经过筛选的细分市场进行分析，详细了解细分市场的情况，充分了解市场的潜在规模、竞争情况、营业收入、费用，估计潜在利润额，并把其作为最后确定目标市场和制定营销战略的依据。

7. 选择目标市场设计市场营销策略

企业根据分析结果，结合自身的实际情况，选择一个或几个细分市场作为目标市场。然后，有针对性地进行市场定位、产品开发、渠道选择、价格策略、促销等，这样可以充分满足目标顾客的需要和实现企业的经营目标。

4.1.3 市场细分的原则、标准及注意问题

1. 市场细分的原则

（1）可衡量性原则。可衡量性原则指细分出来的市场特征的有关数据资料必须能够加以衡量和识别。比如在小轿车市场上，在重视产品质量的情况下，有多少人更注重价格，有多少人更重视耗油量，有多少人更注重外观，或者兼顾几种特性。当然，将这些资料进行量化是比较复杂的过程，必须借助更多资料来进行精确的分析。

案例："宝马"的成功测量

德国"宝马"汽车在美国市场上的成功就是得益于对美国市场的有效细分和对各子市场购买情况的准确测量。20世纪70年代中期，德国"宝马"将目标对准当时美国的高级轿车市场。经过需求测量却发现，该子市场的消费者不但不喜欢，甚至还嘲笑"宝马"，说"宝马"就像是一个大箱子，既没有自动窗户也没有皮座套，无法同其他车相比。显然，这个市场对"宝马"的高超性能不感兴趣。于是，生产厂家决定将目标转向收入较高、充满生气、注重驾驶感受的青年市场。因为该市场的消费者更关心汽车的性能，更喜欢能够体现不同于父辈个性和价值的汽车。为吸引这个市场的消费者，厂家突出宣传宝马汽车的高超性能，结果到了1978年，该车的销售量虽然还未赶上"奔驰"，却达到3万多辆，到1986年，已接近10万辆。然而到了20世纪80年代末90年代初，美国经济开始走向萧条，原来的目标消费者已经成熟，不再需要通过购买高价位产品来表现自我，加上日本高级轿车以其物美价廉的优势打入美国市场，"宝马"面临新的挑战。需求测量发现，消费者之所以喜欢"宝马"，是因为它能给驾驶者一种与众不同的感觉，即"人"驾驶车而不是"车"驾驭人。驾驶"宝马"，消费者感到安全、自信，因为他们不仅可以感觉汽车、控制汽车，从"宝马"身上，还可以得到如何提高驾驶技术的反馈。于是，厂家又将目标市场对准下列三种人：相信高技术驾驶者应该驾驶好车的消费者、为了家庭的安全希望提高驾驶技术的消费者、希望以高超驾驶技术体现个人成就的消费者。到1992年，尽管整个美国汽车市场陷入萧条，"宝马"的销售量却比1991年提高了27%。

（2）可进入性原则。可进入性原则指企业所选择的目标市场是否易于进入，也就是说，企业能够通过有效的营销活动获得竞争优势，并能获取较高的经济效益。否则，细分市场也就失去意义。

案例："本田"的成功进入

日本本田公司在向美国消费者推销其汽车时，就遵循可进入性原则，从而成功地进行了市场细分，选择了自己的目标市场。同"奔驰""奥迪""富豪"等高级轿车相比，本田的汽车不仅价格较低，技术水平也较高，足以从竞争对手口中争夺市场份额。然而，本田公司没有这样做。根据本田的预测，20世纪80年代末90年代初，随着两人家庭的增多，年轻消费者可随意支配的收入将越来越多，涉足高级轿车市场的年轻人也将越来越多。与其同数家公司争夺一个已被瓜分的市场，即一部分早就富裕起来并拥有高级轿车的中老年消费者市场，不如开辟一个尚未被竞争对手重视的，因而可以完全属于自己的市场，即将要富裕起来的中青年消费者市场。

4.1 市场细分

（3）可盈利性原则。可盈利性原则指所选择的细分市场有足够的需求量且有一定的发展潜力，使企业赢得长期稳定的利润。这是因为消费者的数量是企业利润来源的重要因素。应当注意的是，需求量是相对于本企业的产品而言的，并不是泛指一般的人口和购买力。只有那些规模和范围适当的市场细分才是有效的市场细分。

> **案例：Lee牌牛仔裤的市场潜力**
>
> 美国的Lee牌牛仔裤就始终把目标市场对准占人口比例较大的那部分"婴儿高峰期"的消费者群体，从而成功地扩大了该品牌的市场占有率。20世纪六七十年代，Lee牌牛仔裤以15～24岁的青年人为目标市场。因为这个年龄段的人正是那些在"婴儿高峰期"出生的，在整个人口中占有相当大的比例。可是，到了20世纪80年代初，昔日"婴儿高峰期"一代已成为中青年。为适应这一目标市场的变化，厂商只是将原有产品略加改进，使其正好适合中青年消费者的体型。结果，20世纪90年代初，该品牌牛仔裤在中青年市场上的份额上升了20%，销售量增长了17%。

（4）差异性原则。差异性原则指各细分市场的消费者对同一市场营销组合方案会有差异性的反应。企业进行市场细分时，要根据消费者反应的差异性进行有效的划分，并对不同的细分市场制定与其相适应的营销方案。

> **案例：电视节目市场的差异性划分**
>
> 电视观众的差异性主要体现在年龄、兴趣、个人背景、受教育程度以及个性心理等诸多方面。认识到电视观众的这种差异性，现在有越来越多的媒体开始根据观众群体的差异性来细分其节目。如湖南卫视相继推出卫星频道、经济频道、都市频道、生活频道、立体频道、影视频道、信息频道，并进一步细分出娱乐频道、政法频道、女性频道等一系列专业化频道，这种根据观众的差异性进行有效细分后的电视市场更能吸引观众，而对于媒体来说传播信息也就更为便捷有效。

2. 市场细分的标准

要进行市场细分，首先要确立标准，所谓市场细分的标准，是指构成购买者需求差异的各种因素或影响需求的各种因素。由于这些因素的变动会引起市场细分的变动，因此，这些因素也就成为市场细分的变数。

（1）消费者市场细分的标准。消费者市场细分的标准可归纳为四大类：地理环境因素、人口因素、消费心理因素和消费行为因素。这些因素有些相对稳定，而多数则处于动态变化中。

① 地理环境因素。即按照消费者所处的地理位置、自然环境来细分市场。具体变量

包括：国家、地区、城市规模、气候带及人口密度等。处于不同地理位置的消费者，对同一类产品往往呈现出差别较大的需求特征，对企业营销组合的反应也存在较大的差别。

② 人口因素。指各种人口统计变量，包括年龄、婚姻、职业、性别、收入、受教育程度、家庭生命周期、国籍、民族、宗教、社会阶层等。比如，不同年龄、受教育程度不同的消费者在价值观念、生活情趣、审美观念和消费方式等方面会有很大的差异。因此，依据人口变量来细分市场，历来为人们所普遍重视。

③ 消费心理因素。即按照消费者的心理特征细分市场。按照上述地理和人口等标准划分的处于同一群体中的消费者对同类产品的需求仍会显示出差异性，这可能是消费心理因素在发挥作用。心理因素包括个性、购买动机、价值观念、生活格调、追求的利益等变量。生活格调是人们对消费、娱乐等特定习惯和方式的倾向性，追求不同生活格调的消费者对商品的爱好和需求有很大差异。越来越多的企业，尤其是服装、化妆品、家具、餐饮、旅游等行业的企业越来越重视按照人们的生活格调来细分市场。在有关心理因素的作用下，人们的生活方式可以分为"传统型""新潮型""奢靡型""活泼型""社交型"等不同类型。追求的利益是指消费者在购买过程中对产品不同效用的重视程度。一项对亚洲女士服装市场的调查表明，亚洲女士喜爱紧身服装有以下原因：视觉上更娇柔、形体上更美丽、内心更加自信等，但亚洲不同国家和地区的女士的追求在心理上仍有差异（表4-1）。

表4-1　亚洲女士穿紧身服装的原因

城市＼追求的利益	穿上后显得娇柔/%	能体现体型美/%	我穿着它就是好/%	我对自己的体型很自信/%	显得性感/%	我关心男士如何看我/%
北　京	53.7	68.3	48.8	31.7	17.1	22.0
汉城（今首尔）	33.3	20.0	46.7	13.3	13.3	0.0
东　京	52.2	47.8	17.4	4.3	13.0	4.3
中国台北	30.0	25.0	40.0	45.0	20.0	5.0
中国香港	43.8	68.8	31.3	12.5	6.3	12.5
曼　谷	28.6	14.3	50.0	50.0	35.7	0.0
新加坡	62.5	43.8	56.3	37.5	25.0	12.5
雅加达	66.7	33.3	33.3	44.4	22.2	0.0

④ 消费行为因素。即按照消费者的购买行为细分市场，包括消费者进入市场的程度、使用频率、偏好程度等变量。

按消费者进入市场程度，通常可以将消费者划分为常规消费者、初次消费者和潜在消费者。

4.1 市场细分

一般而言，资力雄厚、市场占有率较高的企业，特别注重吸引潜在购买者，争取通过营销战略，把潜在消费者变为初次消费者，进而再变为常规消费者。而一些中小企业，特别是无力开展大规模促销活动的企业，主要吸引常规消费者。

消费者对产品的偏好程度是指消费者对某品牌的喜爱程度，据此可以把消费者市场划分为四个群体：即绝对品牌忠诚者、多种品牌忠诚者、变换型品牌忠诚者和非品牌忠诚者。在"绝对品牌忠诚者"占很大比重的市场上，其他品牌难以进入；在"变换型品牌忠诚者"占比重较大的市场上，企业应努力分析消费者品牌忠诚转移的原因，以调整营销组合，加强品牌忠诚程度；而对于那些"非品牌忠诚者"占较大比重的市场企业来说，则应审查原来的品牌定位和目标市场的确立等是否准确，并且随着市场环境和竞争环境变化重新对定位加以调整。

（2）生产者市场细分的标准。细分消费者市场的标准，有些同样适用于生产者市场。如地理因素、追求的利益、使用者状况等因素，但由于生产者市场具有不同于消费者市场的若干特点，因而细分生产者市场的主要依据有：最终用户要求；用户的规模及购买力大小；用户地点。图4-1所示为铝制品公司的市场细分标准。

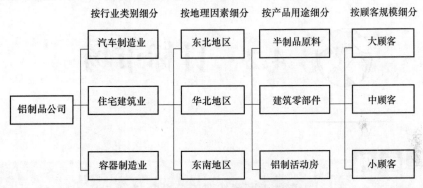

图4-1 铝制品公司的市场细分标准

铝制品公司进行四个层次的市场细分。第一步：按行业类别变数将铝制品市场细分为汽车制造业、住宅建筑业、容器制造业三个市场，并从中选择最适应本企业的目标市场，这里假定公司选择住宅建筑业作为目标市场。第二步：铝制品公司还要进行地理位置的细分，既根据产业购买者的地理位置将其分为东北地区、华北地区、东南地区三个子市场，假定铝制品公司将华北地区作为目标市场。第三步：按产品的最终用途再细分为半制品原料、建筑零部件、铝制活动房三个子市场，然后选择其中一个为目标市场，假定公司选择建筑材料作为目标市场。第四步：按客户规模，将建筑零部件市场进一步细分为大客户、中客户和小客户三个子市场，假定这家公司将大客户作为目标市场。

3. 市场细分应注意问题

（1）市场调查是市场细分的基础。在市场细分前，必须经过市场调查，掌握顾客的需求和欲望、市场需求量等有关信息，营销人员才能及时正确地选择市场细分标准，进行市场细分，并精心确定企业为之服务的经营对象——目标市场，制定有效的市场营销组合策略。

（2）细分市场的标准不能过多。由于顾客的需求、爱好和购买行为都是由很多因素决定的，市场营销人员可应用单指标标准，也可结合应用双指标标准、三维指标标准或者多种标准来细分市场。但是选用标准不能过多，要适可而止，择其主要的，确定少数主要标准和若干次要标准，否则既不实用，也不经济。

（3）细分标准不能一成不变。标准只能是一种动态的指标，不可一成不变。细分标准应经常根据市场的变化，进行有效的调整。

（4）讲究市场细分的实用性。企业必须预期市场细分所得收益将大于因细分市场而增加的生产成本和销售费用，才可以进行市场细分，并以此确定目标市场，调整营销策略。否则，细分市场就没有意义。

4.2 目标市场

引导案例

不体现厨房的海天酱油广告

调味品的广告，似乎都是离不开厨房的，海天从品质出发，走了另一条路子。它的电视广告《黄豆篇》画面：在节奏有力的进行曲中起幕，在纯净的天空中和灿烂的阳光下，颗粒饱满的金色的黄豆在阳光下高高弹起，跳过标杆，酿造出美味的海天酱油。这则广告凸显了健康的品质，人们看到的是黄豆的精良、海天选料的上乘，于是产生了一种信任感，激发了购买欲望。同系列的另一则广告《晒池篇》的画面：湛蓝的天空，广阔洁净的大地，无数卡通小黄豆舒舒服服地晒着太阳，晒了正面，再翻身晒背面，这样天然翻晒出来的酱油，特别美味，特别健康。这两则广告突出地表现了海天的产品品质，帮助海天巩固了在酱油销售市场的领先地位。

营销启示：

把集中企业所有力量于某个子市场作为目标市场，使其产品在日益同质化的产品竞争中脱颖而出。

4.2 目标市场

4.2.1 目标市场的概念及选择方法

1. 目标市场的概念

目标市场是企业在细分市场和经济评价的基础上,拟作为销售服务对象的具有特定需求的顾客群,亦即决定选择既能发挥企业相对优势,又能提供获利机会,值得进入的市场。

2. 目标市场的选择方法

市场细分的主要目的就是选择目标市场。在现代市场经济条件下,任何产品的市场都有许多顾客群,他们各有不同的需要且分散在不同地区,企业必须根据自己的任务、目标、资源和特长来选择目标市场,企业在选择目标市场时有5种主要的市场覆盖模式。

(1)市场集中化。市场集中化是一种最简单的目标市场模式,即企业只选取一个细分市场,只生产一类产品,供应某一单一的顾客群,进行集中营销,如某服装厂商只生产儿童服装。选择市场集中化模式一般基于以下考虑:企业具备在该细分市场从事专业化经营或取胜的优势条件;限于资金能力,只能经营一个细分市场;该细分市场中没有竞争对手;准备以此为出发点,取得成功后向更多的细分市场扩展。

(2)选择专业化。选择专业化是企业选取若干个具有良好的盈利潜力,且符合企业的目标和资源的细分市场作为目标市场,其中每个细分市场与其他细分市场之间联系较少。其优点是可以有效地分散经营风险,即使某个细分市场营利情况不佳,仍可在其他细分市场取得盈利。采用选择专业化模式的企业应具有较强资源和营销实力。例如:彩电生产厂家生产21英寸①、25英寸、29英寸、33英寸、42英寸等几种不同款式的彩电,用于满足不同购买者(如单身汉、普通家庭、小饭店、宾馆等)的需要。

(3)产品专业化。产品专业化是企业集中生产一种产品,并向各类顾客销售这种产品。例如:饮水器厂只生产一个品种,同时向家庭、机关、学校、银行、餐厅、招待所等各类用户销售。又如,企业只生产和销售空调,既可以满足家庭生活消费,也可以满足企业、机关、学校和宾馆饭店等的需要。产品专业化模式的优点是企业专注于某一种或一类产品的生产,这就有利于形成与发展生产和技术上的优势,从而在该领域树立形象。其局限性是当该领域被一种全新的技术与产品代替时,产品销售量有大幅下降的危险。

(4)市场专业化。市场专业化是企业专门经营满足某一顾客群体需要的各种产品。具体来说,是指企业生产销售质量、性能、款式有所区别的产品,用于满足同一顾客群不同需要的目标市场策略。例如,某工程机械公司专门向建筑业用户供应推土机、打桩机、起重机、水泥搅拌机等建筑工程中所需的机械设备。又如,某服装企业以女青年人为目

---

① 1英寸=2.54厘米。

第四章　目标市场战略

标市场，根据她们的需求生产裙子、衬衣和大衣等几种不同式样的服装，以满足这些顾客的不同需求。市场专业化经营的产品类型众多，能有效地分散经营风险。但由于集中于某一类顾客，当这类顾客的需求下降时，企业也会遇到收益下降的风险。

（5）市场全面化。市场全面化是企业生产多种产品去满足各种顾客群体的需要。具体来说，是指企业决定同时进入几个不同的子市场，为不同的顾客群提供相应的需求产品。例如，企业生产吊扇、台扇、落地扇和空调等产品，同时满足居民家庭生活、单位办公室和饭店宾馆的需求。这通常是实力雄厚、试图谋求市场领导地位或垄断地位的大企业采用的策略。美国IBM公司和丰田汽车公司采用的就是市场全面化的战略。

4.2.2　选择目标市场策略

企业在决定为目标市场提供产品或服务时有三种策略可供选择：

1. 无差异市场营销策略

无差异市场营销策略是指企业在市场细分之后，不考虑各子市场的特性，而只注重子市场的共性，决定只推出单一产品，运用单一的市场营销组合，力求在一定程度上满足尽可能多的顾客的需求。优点是产品品种、规格简单，有利于标准化、规模生产，可提高生产效率，降低成本。缺点是顾客的满意度低，适用范围有限。

> **案例：可口可乐的早期目标市场策略**
>
> 　　在相当长的一段时间内，可口可乐公司因拥有世界性的专利，仅生产一种口味、一种规格的瓶装可口可乐，连广告词也只有一种。它所实施的就是无差异性市场战略，期望凭借一种可乐来满足所有消费者对饮料的需求。但事实证明，可口可乐的早期目标市场策略是有缺陷的。可口可乐公司开始转向采用细分市场进行差异营销，如为满足减肥人士需要，而开发"节食可乐"，为不喜欢咖啡因的消费者开发出不含咖啡因的可乐等。

2. 差异市场营销策略

差异市场营销策略是指企业决定同时为几个子市场服务，设计不同的产品，并在渠道、促销和定价方面都加以相应的改变，以适应各个子市场的需要。优点是可以有针对性地满足具有不同特征的顾客群的需求，提高产品的竞争能力，有利于企业扩大销售；能够使企业应变能力有所提高，从而减少经营风险；能够树立起良好的市场形象，吸引更多的购买者。缺点是市场营销费用大幅增加。

4.2 目标市场

> **案例：美国爱迪生兄弟公司的差异经营策略**
>
> 美国爱迪生兄弟公司经营了900家鞋店，分为4种不同的连锁店形式，每一种形式都是针对一个不同的细分市场，有的专售高价鞋，有的专售中价鞋，有的专售廉价鞋，有的出售时髦鞋。在芝加哥斯泰特大街短短距离的3个街区内就有该公司的3家鞋店。尽管这些商店彼此很近，但并不影响相互的生意。因为它们是针对女鞋市场上的不同细分市场。

3. 集中市场营销策略

集中市场营销策略是指企业集中所有力量，以一个或少数几个性质相似的子市场作为目标市场，试图在较少的子市场上占有较大的市场占有率。优点是企业可以集中力量，在少数几个细分市场上占据绝对优势。比较适合于资源薄弱的企业。缺点是经营者承担的风险较大。

> **案例：奥尔菲琳公司的集中市场营销策略**
>
> 20世纪60年代，美国皮鞋市场竞争极为激烈。奥尔菲琳公司当时是一家小规模的制鞋公司，在皮鞋市场上的竞争力较弱。通过市场调查和细分后，了解到皮鞋市场上有各种不同的皮革制成的皮鞋，款式有150多种。但有很多消费者喜欢在家穿轻便舒适的皮便鞋，该公司决定以此消费者群体作为目标市场，集中企业的一切资源，研制了一台专用剥皮机，专门生产与竞争者不同的薄皮便鞋，满足了这个偏爱轻便、舒适的消费群的需求，使公司在竞争激烈的皮革制品市场上站住了脚，获得了很大的经济效益。

4.2.2 选择目标市场策略应考虑的因素

目标市场营销策略的三种类型各有优缺点，因而各有其适用的范围和条件。一个企业究竟采用哪种策略，应根据企业资源、产品、市场以及竞争对手等因素来做出选择。

1. 企业资源

如果企业资源雄厚，可以考虑实行无差异市场营销策略；而对于实力较弱的中小企业，则不宜把整个市场作为自己的经营范围，最好实行差异市场营销或集中市场营销策略。

2. 产品同质性

产品同质性是指产品在性能、特点等方面的差异性的大小。对于同质产品或需求上共性较大的产品，一般宜实行无差异市场营销策略，如糖、醋、大米等；而对电视机、冰箱等，顾客对它们的外观和功能有明显不同的要求，则应实行差异市场营销或集中市场营销策略。

3. 市场同质性

如果市场上所有顾客在同一时期偏好相同，购买特征相同，并且对市场营销刺激的反应相同，则可视为同质市场，宜实行无差异市场营销策略；反之，如果市场需求的差异较大，则为异质市场，宜采用差异市场营销或集中市场营销策略。

4. 产品生命周期阶段

处在介绍期和成长期的产品，市场营销的重点是启发和巩固消费者的偏好，最好实行无差异市场营销策略；当产品进入成熟期后，市场竞争激烈，消费者需求日益多样化，可改用差异市场营销策略或集中市场营销策略以开拓新市场，满足新需求，延长产品生命周期。

5. 竞争对手的策略

一般来说，企业的目标市场的策略应与竞争者有所区别。如果强大的竞争对手实行的是无差异市场营销策略，则企业应实行集中市场营销或更深一层的差异市场营销策略；如果企业面临的是较弱的竞争者，必要时可采取与之相同的策略，凭借实力击败竞争对手。

4.3 市场定位

引导案例

劳斯莱斯：气派尊贵的象征

劳斯莱斯汽车是汽车王国雍容高贵的标志，其年产量只有几千辆，但无论劳斯莱斯的款式如何老旧，造价多么高昂，至今仍然没有挑战者。劳斯莱斯作为世界上最尊贵的代表，号称"买我的车，需要提前一年提出申请"。因为劳斯莱斯首先要考查购车者的财力程度、诚信状况甚至资金的来历，以便确定卖出车辆的颜色。劳斯莱斯明

4.3 市场定位

确宣称：黑色的劳斯莱斯只卖给王室或政要部门。猫王埃尔维修•普鲁斯利在世时，曾想购买一辆黑色的劳斯莱斯车。劳斯莱斯公司经考查认为，虽然猫王开辟了一个音乐的新时代，名震全球，在年轻人心目中的影响与地位无人比肩，但他仍不能满足公司的条件，最后，劳斯莱斯公司只卖给了他一辆银灰色的车。埃尔维修•普鲁斯利虽贵为摇滚之王，但他就是买不到黑色的劳斯莱斯车。劳斯莱斯车所象征的气派与尊贵可想而知。

营销启示：

企业必须向目标市场说明，本企业与现有的竞争者有什么区别。

4.3.1 市场定位的含义及作用

1. 市场定位的含义

市场定位（Marketing Positioning），也被称为产品定位或竞争性定位，是根据竞争者现有产品在细分市场上所处的地位和顾客对产品某些属性的重视程度，塑造出本企业产品与众不同的鲜明个性或形象，并传递给目标顾客，使该产品在细分市场上占有强有力的竞争位置。

2. 市场定位的作用

目标市场决定以后，企业必须进行市场定位，为自己或者产品在市场上树立一定的特色，塑造预定的形象，并争取目标顾客的认同。即针对消费者或用户对某种产品某种属性的重视程度，塑造产品或企业的鲜明个性或特色，树立产品在市场上一定的形象，从而使目标市场上的顾客了解和认识本企业的产品。它需要向目标市场说明，本企业与现有的及潜在的竞争者有什么区别。

案例：日本纸尿布如何进行产品定位

请问：婴儿用的纸尿布有什么特别的？

回答：方便，一次性。

是否就以此定位呢？

错！

在日本历史上，纸尿布刚上市时企业就是吃了这个亏的。因为这样的定位使得当时许多年轻母亲觉得买这种东西会让婆婆认为自己是一个懒惰的媳妇，因而并不太愿意购买。

后来企业经过调查研究，将其特色定位在：纸尿布舒适、干爽，能很好保护婴儿的屁股。这样的定位，大家都可以接受，从此纸尿布销路大开。

4.3.2 市场定位的步骤

企业进行市场定位的步骤如下：

（1）以产品的特征为变量初步确定产品定位的大致方向。

产品的特征大致分为：性能、规格、价格、质量、品牌等。企业可以根据自身的情况选择一个或几个变量作为产品的定位方向。

（2）了解竞争者的定位状况。企业在进入市场前，首先要了解已在市场中的竞争对手的状况，然后再确定本企业产品的位置。如竞争者正在提供何种产品，目前在市场上的规模如何，消费者对之态度如何等。

假设现有汽车公司E要进入货车汽车市场，以汽车的规划和速度进行产品定位。在了解市场状况后，用图4-2描绘出竞争对手的定位状况。竞争对手A生产的是高速小型车，B占据的是中速中型车的位置，而C则占据小型低速车的位置。大型低速车市场被D公司占据。在对竞争对手进行了解后，E公司决定把产品定位在市场空间相对比较大的小型低速市场。对于E公司来说，这样进行产品定位就较为方便了。

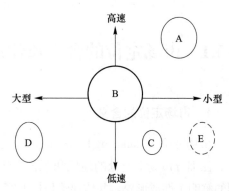

图4-2 竞争者的定位状况

（3）研究分析各可行方案，选出最佳方案，并加以调整。在完成以上分析后，还要对市场的各方面情况做进一步了解。如对消费者进行问卷调查等，然后制定出多个可行方案供比较选择。在综合分析基础上，选出最合适的方案，最后确定本企业产品的目标定位。同时企业要密切注意定位后方案实施的情况以及市场的变化，以便在原定位产生偏差或市场突然发生变化时，及时修正方案并进行重新定位。

（4）准确地传播企业的定位观念。企业在做出市场定位决策后，还必须以合适的广告宣传，把企业的定位观念准确地传播给潜在购买者，使购买者充分了解他们能从此产品或服务中得到的好处，并最终成为此产品或服务的消费者。

4.3.3 常用市场定位技巧

企业推出的每种产品，都需要选定其特色和形象。现有产品在其原有定位已经不再具有生命力时，亦需要重新做出定位决定，改变产品的市场定位。企业进行市场定位方法归纳起来主要有以下几种：

4.3 市场定位

1. 特点定位

特点定位即强调构成产品特色的某种因素，诸如产品的品质、价格、成分、材料等。在小轿车行业有一句名言就是"开宝马坐奔驰"。宝马定位给那些喜欢驾车乐趣的青年人，30岁左右才华横溢的得志者，强调的是速度与力量。而奔驰的消费群体是45岁以上，老成持重的事业成功者，追求的是乘坐的安全与舒适。

2. 利益定位

利益定位即强调产品能够带给顾客的某种特殊的利益，或者能够满足某种特殊的消费需求。例如，美国一家啤酒公司推出了一种低热量的啤酒，将其定位为喝了不会发胖的啤酒，以迎合那些喜欢饮用啤酒但又担心发胖者的需要。

3. 使用场合或用途定位

使用场合或用途定位即强调产品适用于特定的场合或特定的用途。例如，宝洁公司海飞丝的广告强调海飞丝的去头屑功能："头屑去无踪，秀发更出众"。

4. 使用者定位

使用者定位即强调产品适合于某类特定的消费者使用。例如，护肤产品对不同皮肤特点的消费者推出不同产品，有中性护肤系列产品、干性护肤系列产品和油性护肤系列产品等。

5. 竞争定位

竞争定位即以竞争产品定位为参照，突出强调"人无我有、人有我优"。例如，率先开发出无氟电冰箱的厂商，都着重强调其产品不用氟利昂制冷剂，因而不会破坏生态环境，有环保健康之功能。这就明显区别于竞争者的产品定位，能给顾客留下深刻印象。

6. 产品类别定位

产品类别定位即将产品定位于超出人们想象的某一类产品，使人们感到可以从中获得更多的附加价值。例如，一家植物园可将自己定位为类似的"教育机构"，使人们认识到，到植物园游览观赏，不仅可以愉悦身心，而且可以增长知识。

7. 质量/价格定位

这是使用较多的一种定位策略。它又可分为两种情况：一种情况是优质高价定位，这时要突出强调其质量优异，确实物有所值；另一种情况是低价定位，这时产品的质量在同类产品中一般不是最好的，因而要突出强调其是物美价廉的超值产品。

第四章 目标市场战略

本章小结

市场细分、目标市场选择、市场定位是营销战略的三大要素，企业采取目标市场战略的原因是企业资源的有限性和顾客需求的多样化。企业采取目标市场战略需要进行市场细分，市场细分包括七个步骤：选择市场并进行评估、设计并组织调查、选择标准和具体变量、初步市场细分、筛选细分市场、分析细分市场、选择目标市场设计市场营销策略。企业在市场细分的基础上，有三种策略可供选择：无差异营销、差异性营销、集中性营销。企业在目标市场确定后，要在目标市场上为本企业产品做出市场定位，在消费者的心目中形成一种观念和形象。

课后练习

一、主要概念

市场细分、市场细分变数、目标市场、无差异性市场营销、差异性市场营销、集中性市场营销、市场定位。

二、判断题

1. 在同类产品市场上，同一细分市场的顾客需求具有较多的共同性。（ ）
2. 产品差异化营销以市场需求为导向。（ ）
3. 市场细分对中小企业尤为重要。（ ）
4. 市场细分标准中的有些因素相对稳定，多数则处于动态变化中。（ ）
5. 通过市场细分化过程，细分出的每一个细分市场，对企业市场营销都具有重要意义。（ ）
6. 市场专业化是一种最简单的目标市场模式。（ ）
7. 同质性产品适合于采用集中性市场营销战略。（ ）
8. 集中性市场营销战略适合于资源薄弱的小企业。（ ）
9. 与产品生命周期阶段相适应，新产品在引入阶段可采用无差异性营销战略。（ ）
10. 代理商就是先垫付资本，购进商品所有权，然后再出售这些商品的商业企业。（ ）
11. 市场定位、产品定位和竞争性定位分别有不同的含义。（ ）
12. 企业采用服务差别化的市场定位战略，就可以不再追求技术和质量的提高。（ ）

三、单项选择题

1. 同一细分市场的顾客需求具有（   ）。
   A. 绝对的共同性   B. 较多的共同性
   C. 较少的共同性   D. 较多的差异性

4.3 市场定位

2．（　　）差异的存在是市场细分的客观依据。
　　A．产品　　　B．价格　　　C．需求偏好　　　D．细分
3．市场细分的原则不包括（　　）。
　　A．便利性　　B．可衡量性　　C．可赢利性　　D．可进入性
4．（　　）是细分国际市场最常用的变量。
　　A．经济因素　　B．政治因素　　C．组合因素　　D．地理因素
5．采用（　　）模式的企业应具有较强的资源和营销实力。
　　A．市场集中化　　B．市场专业化　　C．产品专业化　　D．市场全面覆盖
6．采用无差异性营销战略的最大优点是（　　）。
　　A．市场占有率高　　　　　　B．成本的经济性
　　C．市场适应性强　　　　　　D．需求满足程度高
7．同质性较高的产品，宜采用（　　）。
　　A．产品专业化　　B．市场专业化　　C．无差异营销　　D．差异性营销
8．属于产业市场细分标准的是（　　）。
　　A．职业　　　B．生活格调　　C．收入　　　D．顾客能力
9．新产品在进入（　　）时，可采取无差异性营销战略。
　　A．成长期　　B．成熟期　　C．衰退期　　D．导入期
10．（　　）不是从定位的依据来划分的。
　　A．属性定位　　B．利益定位　　C．避强定位　　D．价格定位
11．（　　）不属于同质市场。
　　A．服装　　　B．石油　　　C．水　　　D．食盐
12．市场细分后，企业要对不同的目标市场进行价值评估，（　　）是评价的基础。
　　A．竞争状况　　B．市场需求　　C．企业自身情况　　D．社会环境
13．企业用收入和职业作为细分变量来细分某一市场，这种细分的方式属于做（　　）。
　　A．地理细分　　B．人口细分　　C．心理细分　　D．行为细分
14．当强大的竞争对手采用无差异性市场营销时，企业则应实行（　　）。
　　A．差异性市场营销策略　　　　B．无差异性市场营销策略
　　C．集中性市场营销策略　　　　D．无差异性或集中性市场营销
15．市场定位是（　　）在细分市场的位置。
　　A．塑造一家企业　　　　　　B．塑造一种产品
　　C．确定目标市场　　　　　　D．分析竞争对手
16．寻求（　　）是产品差别化战略经常使用的手段。
　　A．价格优势　　B．良好服务　　C．人才优势　　D．产品特征
17．市场细分是根据（　　）的差异对市场进行的划分。
　　A．买方　　　B．卖方　　　C．产品　　　D．中间商

18. 中国不少企业在春节等传统节日做促销活动，主要是基于（　　）进行市场细分。
   A. 人口　　　　B. 地理位置　　　C. 心理　　　　D. 时机

四、复习思考题

1. 什么是市场细分？其原则及标准有哪些？
2. 简述市场细分的基本程序。
3. 选定一个目标市场应当具备哪些条件？
4. 不同目标市场策略有什么优缺点？企业如何选择？
5. 什么是市场定位？市场定位的作用是什么？
6. 市场定位的基本步骤有哪些？

五、案例分析题

宝洁公司的市场细分与定位

美国著名的化妆品制造企业——宝洁公司，早在20世纪80年代就开始进入中国市场，并在护肤及卫生用品市场展开了一系列成功的市场细分。当时，宝洁公司针对中国消费者头皮屑患者较多的现象，敏锐地观察到这一细分市场，并针对这一细分市场，推出具有去头屑功能的"海飞丝"洗发水，在市场上获得巨大成功。之后，宝洁公司又针对城市女性推出"玉兰油"系列护肤品。除以上品牌之外，宝洁公司陆续推出了针对不同细分市场的多个品牌的护肤及洗涤卫生用品，如"飘柔"二合一洗发水，既方便又有利于头发飘逸柔顺，"潘婷"则含有维他命原B5，可以令头发健康而亮泽。这一系列细分市场明确的产品，在市场上所获得的成功，为宝洁公司的发展壮大起了决定性作用。

问题：

（1）宝洁公司采用了哪些市场细分的标准和具体变量？怎样确定其目标市场？

（2）宝洁公司采用了哪些市场定位策略？

力士品牌的成功定位——美容

力士是享有盛誉的国际知名品牌。70多年来，它在世界上80多个国家采用统一策略进行广告宣传，并始终注重维护其产品定位的一致性和连续性，从而确定了它国际知名品牌的形象。力士香皂的定位不是清洁、杀菌，而是美容。相对于清洁和杀菌，美容是更高层次的需求和心理满足，这一定位巧妙地抓住了人们的爱美之心。那么如何来表现这一定位并与消费者进行沟通呢？力士打出的是明星牌。通过国际影星的广告推荐，力士很快就获得了全球认同。用影星来说"美容"，充分把握了人们崇拜偶像以及希望自己像心中偶像那样被人喜爱的微妙心理。70多年来，力士始终坚持执行这一国际影星品牌战略，与无数世界著名影星签约，保持了定位的连续性和稳定性。它的定位与表现方式相得益彰，从而成功地树立了"力士"的国际品牌形象。

问题：

（1）力士采取何种市场定位方法？

（2）力士成功的关键是什么？

第五章 产品策略

教学目的要求：

1. 掌握产品整体概念及层次构成。
2. 掌握产品组合策略。
3. 了解新产品开发策略。
4. 掌握常用的品牌策略。
5. 了解产品包装策略。
6. 掌握生命周期营销策略、各阶段的特点。

教学重点难点：

1. 产品整体概念的层次的理解。
2. 产品组合策略。
3. PLC理论。

第五章 产品策略

引导案例

特斯拉汽车案例

特斯拉（Tesla）汽车公司成立于2003年，只制造纯电动车。特斯拉汽车集独特的造型、高效的加速、良好的操控性能与先进的技术为一身，从而使其成为公路上最快且最为节省燃料的车子。特斯拉得名于美国天才物理学家以及电力工程师尼古拉特斯拉的塞尔维亚姓。

硅谷工程师、资深车迷、创业家马丁·艾伯哈德（Martin Eberhard）在寻找创业项目时发现，美国很多停放丰田混合动力汽车普锐斯（Toyota Prius）的私家车道上经常还会出现些超级跑车的身影。他认为，这些人不是为了省油才买普锐斯，普锐斯只是这群人表达对环境问题的方式。于是，他有了将跑车和新能源结合的想法，而客户群就是这群有环保意识的高收入人士和社会名流。

2003年7月1日，马丁·艾伯哈德与长期商业伙伴马克·塔彭宁（Marc Tarpenning）合伙成立特斯拉汽车公司，并将总部设在美国加州的硅谷地区。特斯拉选择以英国的老牌汽车莲花的Elise作为开发基础研发高端纯电动汽车。

2008年2月特斯拉开始交付第一辆Roadster，最初的7辆车作为创始人系列提供给马斯科和其他出资人，这份名单里有谷歌拉里·佩奇（Larry Page）、谢尔盖·布林（Sergey Brin）、杰夫·斯科尔（Jeff Skoll）等。2008年10月，Roadster实现量产，尽管产品的下线时间比原计划晚了半年多，但首批客户依旧表现出足够的容忍，1 000名客户中只有30名要求退款，而空缺出来的名额很快就被新订单填满。从布拉德·皮特、乔治·克鲁尼、施瓦辛格再到谷歌的两位创始人，特斯拉的客户名单就是一份全球财富榜单。

2013年11月2日，位于北京CBD核心区的中国大陆首家Tesla体验店开始营业，2014年4月22日，包括雷军、曹国伟等9位企业高管在内的第一批中国用户正式拥有Tesla的Model S，特斯拉正式进入中国市场。目前在售的三款车型Roadster、Model S、Model X，定价分别为11万美元、7万美元、5万美元。

有人评价特斯拉是汽车界的苹果，超前的工业设计赋予了一贯低端形象的电动汽车豪车的定位。

营销启示：

特斯拉的成功不仅源于产品的性能，更吸引客户的是核心产品之外的其他产品层次，如外观、品牌还有产品概念所带来的附加效应。

5.1 产品整体概念

5.1 产品整体概念

5.1.1 产品及整体产品

1. 传统的产品概念

传统的观念认为产品是一种具有某种特定物质形状和用途的物品,这个概念仅强调了产品的物质属性。而现代市场营销观念则从消费者的需要出发定义和概括产品,现代营销学认为,产品是指能够提供给市场被人们使用和消费,并满足人们某种需要的有形物质或无形物质的有机体。包括产品的功能利益、质量、形状、服务、人员、组织、观念等要素及它们的整合。产品被赋予了整体概念的意义,产品整体概念有着十分丰富的内涵。

2. 现代产品整体的概念

美国著名市场营销专家菲利普·科特勒把整体产品概念扩展为五个层次,即核心产品、形式产品、期望产品、延伸产品和潜在产品(图5-1)。

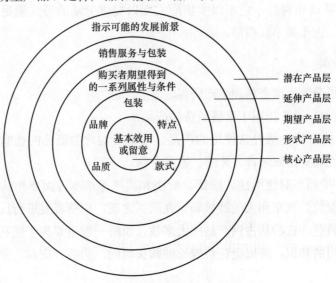

图5-1 整体产品概念的五个层次

（1）核心产品：消费者购买商品时所追求的实质利益，即顾客真正所需要的，获得某种需要的效用和利益。如化妆品从工厂加工出来，是有形的实物，但顾客在购买时，首先考虑购买的不是化妆品的外形，而是它能给顾客带来的美的利益。

（2）形式产品：核心产品借以实现的形式，即向市场提供的产品实体和服务对象，主要包括质量水平、外观特色、款式、品牌名称及包装等。

（3）期望产品：购买者在购买该产品时期望得到的与该产品密切相关的一整套属性和条件。如旅客在住宿时，期望旅馆能提供安全的环境，舒适、干净的客房和便利的交通等。

（4）延伸产品：伴随着实质和形式产品所提供的全部附加服务和利益，包括信贷、送货、安装、调试、售后服务、培训等。

（5）潜在产品：现有产品包括所有附加产品在内的，可能发展成为未来最终产品的潜在状态的产品，即指出了现有产品的可能演变趋势和前景。

5.1.2　产品的分类

产品可以按以下方法进行分类（图5-2）：

1. 按是否耐用和有形分类

（1）耐用品：指可以多次使用的有形商品，如冰箱、电视、鞋子等。

（2）非耐用品：指能用一次或少数几次的有形商品，如牙膏、洗发水、纸巾等。

（3）服务：是指为他人做事，并使他人从中受益的一种有偿或无偿的活动；或为出售商品而提供的活动和利益。它不以实物形式而以提供劳动的形式满足他人某种特殊需要。如导游服务、火车站小红帽等。

2. 按用途分类

产品按用途可分为生活资料和生产资料。

（1）生活资料：通常指用于生活消费的产品。

① 便利品：指日常生活经常使用的产品。消费者对此类商品的选购不需要花很多的时间，多为习惯性购买，如牙膏、牙刷、家居食物等。

② 选购品：指顾客对使用性、质量、价格和式样等基本方面要作认真权衡比较的产品，例如家具、服装、汽车和大的器械等。在购买之前，消费者要进行反复比较，比较注重产品的品牌与特色。选购品占到产品的大多数，价格一般也要高于便利品，消费者往往对选购品缺乏专门的知识，所以会花费较长的购买时间。服装、皮鞋、家电产品等是典型的选购品。

③ 特殊品：指消费者对其有特殊偏好并愿意花较多时间去购买的商品，如电视机、电冰箱、轿车、高档化妆品等。消费者在购买之前对这些商品有了一定的认识，偏爱特定的品牌和商标，不愿接受代用品。为此，企业应注意争创名牌产品，以赢得消费者的青睐；要加强广告宣传，扩大本企业产品的知名度；同时要切实做好售后服务和维修工作。

④ 非寻觅品：指消费者不了解或即便了解也不愿意购买的产品，如新产品、人寿保险等。

（2）生产资料：其消费对象为企业，用于生产再加工。包括原材料与零部件、资产项目、易耗品及服务。

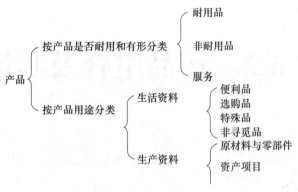

图5-2 产品的分类

引导案例

小米扩大产品组合全面开花

小米公司正式成立于2010年4月，是一家专注于高端智能手机、互联网电视以及智能家居生态链建设的创新型科技企业。"让每个人都能享受科技的乐趣"是小米公司的愿景。小米公司应用了互联网开发模式开发产品，用极客精神做产品，用互联网模式干掉中间环节，致力于让全球每个人，都能享用来自中国的优质科技产品。在手机市场取得成功后，小米全面建立自己的生态链，包括与美的、飞利浦等知名企业联手打造互联网智能产品。小米公司在互联网电视机顶盒、互联网智能电视，以及家用智能路由器和智能家居产品等领域也颠覆了传统市场。截至2016年年底，小米公司旗下生态链企业已达60余家，其中紫米科技的小米移动电源、华米科技的小米手环、智米科技的小米空气净化器、加一联创的小米活塞耳机、纳恩博Ninebot的九号平衡车等均在短时间内迅速成为影响整个中国消费电子市场的明星产品。小米生态链建设秉承开放、不排他、非独家的合作策略，和业界合作伙伴一起推动智能生态链建设。

目前小米在售的产品有：小米手机、红米手机、笔记本及平板电脑、互联网电视及电视盒子、路由器、空气净化器、1H压力电饭煲、扫地机器人、净水器、平衡车、无人机、耳机、音箱、恒温电热水壶、电风扇、移动电源、智能照明等。品种繁多，产业跨度大。

第五章 产品策略

> **营销启示：**
> 依据自身能力和资源优势，扩大丰富产品组合是企业全面扩大市场的主要手段，也是企业竞争能力的重要组成部分。有的企业产品线少而专，有的企业产品线多，产品线的关联程度差异很大，在各个领域的市场上都有很大的市场占有率。

5.2 产品组合及其策略

5.2.1 产品组合

产品组合是指一个企业向市场提供的其生产或经营的全部产品构成方式，即全部产品的结构。产品组合由若干产品线组成，每条产品线又包含了若干个产品项目，每一产品项目又有若干个品牌、包装和服务。

产品线是指同一产品种类中密切相关的一组产品，又称产品系列或产品类别。产品项目是指在同一产品线或产品系列下不同型号、规格、款式、质地、颜色的产品。如海尔的洗衣机称为一条产品线，不同的型号款式的洗衣机的品种则是产品项目。

产品组合的宽度（Width）：产品组合中包含的产品线的多少。

产品组合的长度（Length）：一个企业的产品组合中所包含的产品项目多少。以产品项目总数除以产品线数目即可得出产品线的平均长度。

产品组合的深度（Depth）：产品线中的每一产品项目有多少品种规格。

产品组合的关联度（Consistency）：各条产品线之间在最终用途、生产条件、分销渠道或者其他方面相互关联的程度。产品组合的相近程度大，其相关性也就大。

下面以宝洁公司为例，说明产品组合的宽度、长度、关联度。由表5-1可见，宝洁公司有六个产品大类，所以该公司的产品组合的宽度为6，宝洁公司产品组合中共有32个产品项目，所以产品组合的总长度为32。用企业的产品大类数除总长度，就是每条产品线的平均长度。宝洁公司的产品线平均长度为32÷6＝5.3。宝洁公司的浪峰牙膏假设有3种规格2种配方，则浪峰牙膏的深度位3×2＝6，宝洁公司所生产经营的洗涤剂、牙膏、肥皂、除臭剂，在生产条件分销渠道很相近，所以，产品组合的关联性大。

5.2 产品组合及其策略

表5-1 宝洁公司产品组合的长度、宽度

洗涤剂	牙膏	肥皂	除臭剂	尿布	咖啡
象牙雪1930	格里姆	象牙	秘密	娇养	福尔杰
德莱夫特	浪峰	凯姆	万全	鲁维斯	速溶福尔杰
潮水		拉娃			高点速溶
快乐		克可斯			福尔杰雪片
振奋		风趣			咖啡
奥克斯多尔		维护			
猛冲		海岸			
卡斯卡德					
都茨					
象牙液					
获利					
黎明					
时仪					
勇敢					

5.2.2 产品组合策略

产品组合策略是指企业根据市场状况、自身资源条件和竞争态势对产品组合的广度、长度、深度和关联度进行不同组合的过程。

1. 扩大产品组合策略

扩大产品组合策略是开拓产品组合的广度和加强产品组合的深度。开拓产品组合广度是指增添一条或几条产品线，扩展产品经营范围；加强产品组合深度是指在原有的产品线内增加新的产品项目。具体方式有：

（1）增加新的产品线。增加企业原来没有的产品线。

（2）在现有产品线增加新的产品项目。

扩大产品组合具有以下优点：① 充分利用企业资源，挖掘潜力，降低成本，增强竞争力；② 减少经营风险，增加经营的稳定性；③ 能充分利用企业原有声誉，完善产品系列；④ 适应多方面需求，有利于扩大销售。

2. 缩减产品组合策略

缩减产品组合策略是指缩小产品组合的宽度、深度，实行集中经营。这种策略，通常是在企业经营状况不景气，或是市场环境不佳时采用，或当企业面临高度需求但又没有

第五章 产品策略

足够的生产能力来生产这些行情看好的项目时,企业要考虑从产品组合中剔除那些活力很小或者基本不获利的产品项目,从而集中企业资源发展获利能力强的产品。如德国西门子公司先是缩减手机生产产品线,然后缩减家电产品线。应当注意的是,企业采用这种策略时,不应消极地缩减,而应积极地缩中有张,以退为进,变被动为主动。

缩减产品组合的优点:① 集中力量,对少数产品改进品质,降低消耗;② 减少资金占用,加速资金周转;③ 扩大少数产品的生产规模,以便进行大批量专业化生产;④ 使广告效果集中,营销组合的配置更加完善。

3. 产品延伸策略

产品延伸策略是指将企业现有产品线加长,突破原有经营档次的范围。可供选择的延伸策略有三种:向上延伸、向下延伸、双向延伸。

（1）向上延伸。生产经营低档产品的企业,在原产品线内增加高档产品。如奇瑞的观致汽车,相对于奇瑞的其他产品来说属于相对高端的产品。

（2）向下延伸。经营高档产品的企业在原产品线内增加一些较低端的产品。如宝马旗下的宝马1系。向下延伸的通常适用情况:高档产品受到竞争威胁,高档产品的销售增长速度下降;原来发展高档产品为企业树立了良好的企业形象,条件成熟时发展低端产品;以较低档产品填补市场空缺,防止竞争者涉足,或吸引顾客。

（3）双向延伸。生产经营中档产品的企业,在一定的条件下,逐渐向高档和低档两个方面延伸。这种策略有利于企业扩大市场阵容,更好地满足不同层次购买力水平顾客的需要,吸引更多的顾客购买。但如果企业盲目地实行双向延伸,使得有限的资源不足以支持高、中、低档产品系列,则会顾此失彼,处于被动。

5.3 产品品牌、包装策略

引导案例

加多宝与王老吉之争

2010年广药集团旗下王老吉品牌经北京名牌资产评估有限公司评估为1 080.15亿元,成为中国目前评估价值最高的品牌。

20世纪,王老吉一直是广东地区的区域产品,以凉茶的形式存在,在广东地区有一定的知名度，但在全国范围内的知名度并不高。1995年，作为王老吉商标的持有者，广药集团将红罐王老吉的生产销售权租给了加多宝，而广药集团自己则生产绿色利乐包装的王老吉凉茶，也就是绿盒王老吉。1997年，广药集团又与加多宝的母公司香港鸿道集团签订了商标许可使用合同。2000年双方第二次签署合同，约定鸿道集团对王老吉商标的租赁期限至2010年5月2日到期。2001年至2003年，时任广药集团副董事长、总经理李益民先后收受鸿道集团董事长陈鸿道共计300万元港币。得到了两份宝贵的"协议"：广药集团允许鸿道集团将"红罐王老吉"的生产经营权延续到2020年，每年收取商标使用费约500万元。不到十年的时间加多宝集团成功地打开了王老吉品牌的知名度，并且以一句定位鲜明的"怕上火喝王老吉"，让王老吉几乎家喻户晓。在国内饮料市场上有着不可撼动的地位。2010年8月30日，广药集团就向鸿道集团发出律师函，申诉李益民签署的两个补充协议无效。2012年5月11日，广药集团收到中国国际经济贸易仲裁委员会日期为2012年5月9日的裁决书：广药集团与加多宝母公司鸿道（集团）有限公司签订的《"王老吉"商标许可补充协议》和《关于"王老吉"商标使用许可合同的补充协议》无效；鸿道（集团）有限公司停止使用"王老吉"商标。

两家企业的品牌之争引起了社会的广泛关注，加多宝甚至广发英雄帖斥巨资悬赏各方律师专家帮助拿回王老吉品牌。在仲裁结束后，加多宝也进行了应对改变，改变包装和广告词，大量冠名热门节目，但是知名度和销量不如王老吉已是不争的事实，也再难续曾经的王老吉神话。

营销启示：

两家企业争夺的不仅仅是商标本身，更重要的是一个成熟品牌的影响力。品牌作为企业无形资产，在市场竞争中对于促进产品销售，塑造和提高产品形象有着重大作用，品牌策略也是企业营销战略的重要组成部分。

5.3.1 品牌及品牌策略

1. 品牌

品牌是用来识别某个卖者或者卖者集团的产品或劳务的名称、术语、标记、符号或图案，或这些因素的组合，以便于同竞争者的产品相区别。品牌是一个系统的总概念，它包括品牌名称、品牌标志、商标等。

（1）品牌名称：指品牌中可用语言表达的部分，如小米、戴森、松下、苹果、七匹狼、茅台、康师傅等。

（2）品牌标志：指品牌中可被识别但不能用语言表达的部分，包括符号、图案或专门设计的颜色、字体等。如可口可乐的飘带字体,肯德基的肯德基爷爷头像,宝马的蓝白色标志。一般消费者通过标志就能识别相应的品牌。

(3) 商标:品牌或品牌中的一部分经向政府有关部门注册登记后,获得专用权,受到法律保护的就成为商标。注册商标是指政府有关部门注册后,享有专用权的商标。

2. 品牌策略

品牌策略是指企业如何合理地选择使用品牌,以促进企业产品的销售。在市场营销活动中,企业在其品牌策略上面临多重决策。

3. 品牌化决策

品牌化决策是有关品牌的第一个决策,就是要决定该产品是否使用品牌。在激烈的市场竞争中,品牌可以收到多方面的效果。现代市场上几乎所有企业和产品都有品牌,但要成功地塑造一个品牌并顺利进入市场,需要耗费大量的财力,成本高昂,万一经营失利,企业将会蒙受巨额损失。顾客对其已有较多的认识,生产者不必提供辨认的标志等的产品,如大米、食盐等;本身的质量是相同或者相似的产品,如电力、钢材、煤炭等;有的企业临时性或一次性生产的产品;生产工艺简单,选择性不大的产品,这些都可以不使用品牌。不使用品牌,就降低了宣传费用,使得这些产品在价格上有很大的优势。

4. 品牌归属决策

对于大多数产品,企业都要使用品牌。这时企业进一步决定使用谁的品牌,即品牌归属决策。这时,生产者有三种选择:一是使用生产者自己的牌号,叫制造商品牌;二是生产者把产品卖给中间商,由中间商为产品定一个品牌,叫中间商品牌;三是生产者对一部分产品使用制造商品牌,另一部分使用中间商品牌,叫混合品牌。

(1) 使用制造商品牌。将全部产品置于生产者品牌之下,如海尔、海信,自己生产,所有产品使用自己的品牌。从历史上看,不论中外,品牌本身就是商品生产者的标志,因为产品质量特性是由制造者确定的,所以生产者品牌一直支配着市场,绝大多数的制造商都是使用的自己的品牌。

(2) 使用中间商品牌。资金能力薄弱、市场营销经验不足的小厂,为集中力量更有效地运用其生产资源与设备能力,宁可采用中间商品牌。利用中间商品牌,往往还由于中间商有一个良好的品牌、商誉,以及庞大完善的分销体系,如沃尔玛的惠宜品牌、麦德龙的aka品牌。

(3) 使用混合品牌。采用这种品牌策略的方式有两种:①生产者在一部分产品上使用自己的品牌,另一部分产品则使用中间商品牌,以谋求既能扩大销路,又能保持企业品牌的特色。②为了进入新市场,产品先采用中间商品牌,待取得一定的市场占有率再改为制造商品牌。

5.3 产品品牌、包装策略

5. 家族品牌决策

当企业决定使用自己的品牌后,仍然面临进一步的选择,对本企业的各种产品分别使用不同的品牌还是都使用同一品牌,现有四种可供选择的策略。

(1)统一品牌,即企业所有产品都使用一个品牌,如海信所有行业的产品都使用统一品牌,松下、苹果等知名企业也都是使用同一个家族品牌。统一品牌的优点是:如果该品牌已有良好的声誉,可以很容易地用它推出新产品。但是任何一种产品的失败都会使整个家族品牌遭受损失。因此,使用统一品牌的企业,必须对所有产品的质量严加控制。

(2)个别品牌,即企业的各种产品分别使用不同的品牌,如美国可口可乐公司所生产的饮料,分别使用可口可乐、雪碧、芬达等品牌。上海家化旗下有佰草集、美加净、六神、高夫等品牌,面对不同的细分市场,价格和产品定位也不一样。个别品牌的优点:可把个别产品的成败同企业的声誉分开,不至于因个别产品的失败而有损整个企业的形象。其缺点是要为每个品牌分别做广告宣传,费用开支较大。

(3)分类品牌,即企业不同类型的产品使用不同的品牌,如企业生产用途截然不同的品牌,美国最大的零售商西尔斯公司就是采取这样的策略,它的家用电器、妇女服饰、家具等产品分别使用不同的品牌。这种策略特别适用于生产与经营产品种类繁多的大企业。

(4)企业名称加个别品牌,即在每一品牌名称之前统统冠以企业名称。这样既可以利用企业声誉推出新产品,节省广告费用,又可以保持每种产品、每个品牌的相对独立性。资生堂品牌享誉全球,针对不同的市场也推出了很多子品牌,如针对中国市场的资生堂欧珀莱、泊美,都是利用资生堂的品牌影响力推出的二线品牌。

6. 多品牌决策

多品牌是指同一企业在同一种产品上设立两个或多个相互竞争的品牌,这虽然会使原有品牌的销量略减,但几个品牌加起来的总销量却比原来一个品牌时多。这种营销实践由美国宝洁(P&G)公司首创,这家公司在浪潮牌洗涤剂取得成功后,又推出快乐牌洗涤剂,其结果虽使浪潮牌洗涤剂的销售额略有下降,但销售总额却大大增加。

多品牌的优点是:①零售市场的商品陈列位置有限,多一个品牌可多占一个货位。②许多消费者都是品牌的转移者,有求新好奇的心理,喜好使用新品牌,抓住这类消费者的最好办法是多推出几个品牌。③多品牌可把竞争机制引进企业内部,使品牌经理之间互相竞争,提高效率。④多品牌可使企业拥有几个不同的细分市场,即使各品牌之间的差别不大,也能各自吸引一群消费者。

采用这种策略应注意,企业如果过多地为同类产品制定不同的品牌,会使自身的资源过度分散,难以建立较高的盈利水平。知名品牌企业应使自己的品牌压倒竞争者的品牌,而不应造成自己的品牌之间相互倾轧。企业在决定是否推出其他品牌时,应考虑新品牌是否有新构想,有无说服力,新品牌夺走本企业其他品牌及竞争品的销量有多少,新品牌获取的新增利润能否补偿产品开发和产品促销费用。

7. 品牌再定位决策

一种品牌无论在市场上最初定位是如何适宜,随着市场情况的变化,到后来都有可能不得不对它进行重新定位;当竞争者推出类似定位的品牌时,就会削减企业的市场份额;当顾客偏好发生转移,使企业品牌的需求减少,这些都需要对品牌重新定位。

企业在品牌重新定位时必须考虑两个重要因素:① 某一品牌的产品从原来的市场位置转移到另一个市场位置所需要的费用,包括改变产品质量、包装、广告费用,一般来说,重新定位的距离越远,重新定位的成本就越高;对原有品牌形象的改变幅度越大,企业所需要的投资也就越多。② 品牌重新定位后可能获得的利益大小,取决于产品新的市场位置能吸引的顾客数量、顾客的购买力、竞争者的数量和竞争者强度,以及企业能定多高的售价。

5.3.2 包装策略

1. 包装的含义

包装通常是指产品的容器、包装物及其设计装潢。产品的包装一般有三个层次:内包装、中层包装和外包装。内包装是盛装产品的直接容器,如牙膏的软管、药品的玻璃瓶等;中层包装,指用于保护产品和促进销售的直接容器,即内包装外面的包装,如牙膏管外面的纸盒;外包装,又称储运包装,指便于储存和搬运的包装,如装有牙膏的纸箱等。此外,包装上的标签、装潢等也属于包装范畴。

产品包装是为保证产品数量与质量的完整性而必需的一道工序,直接影响到产品的价值与销路,是产品运输储存、销售不可缺少的必要条件。在市场经济进一步发展的情况下,包装已经成为企业间市场竞争的一种重要手段。

2. 包装设计的要求及内容

(1) 包装设计的要求。

商品包装设计应符合下列要求:

① 真实性,即包装设计应与商品的价值和质量水平相一致。对于贵重商品、艺术品和化妆品,包装要烘托出商品的高雅和艺术性;对于一般商品,包装则不能华而不实,否则包装的价值将超过商品的价值。

② 艺术性,即包装造型美观大方,图案形象生动,不落俗套,避免模仿雷同。包装设计平庸,就不能吸引顾客的注意,不能激发其购买欲望。

5.3 产品品牌、包装策略

③ 直观性，即包装设计应该显示商品的特点和风格。对于以外形和色彩表现其特点和风格的商品，如服装、装饰品、食物等的包装，应考虑能向购买者直接显示商品的本身，以便于选购。

④ 文化性，即包装设计应符合消费者的风俗习惯和心理要求，不与民族习俗、宗教信仰相抵触。色彩、图案的含义对具有不同心理爱好的消费者来说可能是截然不同，甚至是完全相反的。例如，中国人喜庆节日喜欢用红色，而日本人却喜欢白色。中国人忌讳数字4，西方人忌讳数字13。

⑤ 准确性，即包装的文字说明应能增加顾客的信任感并指导消费。产品的性能、使用方法和维修保养不能直接显示，需要通过文字表达。包装的文字设计应以满足消费心理需要为重点。例如，食物包装上应注明成分、营养功效和食用方法。

⑥ 便利性，即包装造型和结构设计应便利销售、使用、保管和携带。

（2）包装设计的内容。产品包装的设计，应依据科学、经济、牢固、美观和适销的原则，对以下方面进行创造性选择。

① 包装大小。包装的尺寸，主要受目标顾客购买习惯、购买力大小及产品的有效期等因素的影响，应力求让消费者使用方便、经济。

② 包装形状。主要取决于产品的物理性能，如固体、液体。包装应能美化商品，对用户有吸引力，方便运输、装卸和携带等。

③ 包装构造。产品包装的构造设计，一方面要突出产品的特点，另一方面要有鲜明的特色，使产品外在包装和内在性能完美地统一起来，给用户留下深刻印象。

④ 包装材料。包装材料的选用，其要求有三点：能充分地保护产品，如防潮、防震、隔热等；有利于促销，开启方便，便于经销商储存和陈列等；节约包装费用，降低售价。严禁使用有毒材料。

⑤ 文字说明。根据不同产品的特点，使用文字说明既要严谨，又要简明扼要。文字说明主要包括产品的名称、数量、规格、成分、产地、用途、使用与保养方法等。并且对于有些商品应该注明注意事项、副作用等，借以增加顾客对该产品的信任。

3. 包装策略的类型

（1）类似包装。也称产品系列包装，产品"统一包装"。企业将其所生产的各种产品，在包装外形上采用相同的图案，近似的色彩，共同的特征，使顾客容易辨认是某企业的产品。特别是新产品上市时，能利用企业的信誉消除消费者对新产品的不信任感。同时采用类似包装，可节省设计费用。这种策略适用于产品质量水平相近的商品，如果质量相差悬殊，则优质产品将蒙受损失。

（2）配套包装。指企业将使用时有关联的各种商品放在同一包装容器中，便于购买使用，如针线包、工具箱、节日礼品等。

（3）复用包装。又称再使用包装，指原包装的产品用完后，包装容器可作他用。如

第五章 产品策略

巧克力盒子,可做储存用具。这种包装能够发挥广告的作用,刺激消费者的购买欲望,如儿童产品,包装用小朋友喜欢的卡通形象,好吃又好玩,吸引小朋友购买。

(4)改变包装策略。指企业的某种产品在市场上销路不畅,或一种包装采用时间较长而不利于产品销售时,就应该改进包装设计和策略。采用这种策略,必须使产品的内在质量与改变后的包装相适应。如果产品内在质量不好,即使改变包装也不会对销售生产有积极的作用。

(5)等级包装或分类包装。将产品分成若干等级,高档优质品采用优等包装,一般产品采用普通包装,使包装的价值和质量相称,表里一致,方便购买力不同的消费者按需选购。企业不同类别的产品,分别采用不同的包装,便于消费者辨识。

4. 产品包装决策过程

包装决策过程通常分为以下几个步骤:

(1)建立包装观念。确定包装的基本形态、目的和基本功能,如薯片的充气包装,让薯片在流通过程中不被挤压破碎,也是薯片的特色包装。

(2)决定包装因素。所谓包装因素是指包装的形状、材料、色彩、文字及图案等。包装因素是由包装观念决定的。

引导案例

诺基亚的衰败

诺基亚作为全球知名手机品牌,曾经红极一时,家喻户晓。当时在中国市场上的市场占有率更是绝对优势的第一名。诺基亚的手机生产开始于1960年,并于20世纪90年代进入中国。2004年诺基亚成功超越摩托罗拉成为全球最大的手机生产制造商。2007年是诺基亚到达营销巅峰的一年,据数据显示当年市场销售份额超过40%,位居全球第一,其竞争对手摩托罗拉只有11.9%。2004—2006年连续三年当选中国最具影响的跨国企业。可以说每个中国人都曾经拥有过一部诺基亚手机。2007年苹果推出iPhone以后,诺基亚的销量一直在下降,2010年诺基亚的销售量排名第43位。2011年诺基亚CEO埃洛普惊呼:"我们的平台在燃烧,我们落后了,我们错过了时代潮流。"目前的手机市场呈现IOS、安卓、微软三足鼎立的局面,前有苹果、三星,后有一众国产品牌,诺基亚在市场上的状况依然不是很理想。

营销启示:

产品在市场上的销售情况及获利能力是随着时间的推移而动态变化的。一个产品投入市场经历了辉煌的成长期、成熟期。企业由于对需求的把握不准确,没有为产品找到新的增长点,只能最终走入衰退期。每一个阶段的市场需求都有不同的特点,企业应该在不同时期制定不同的营销策略。

5.4 产品生命周期策略

5.4.1 产品生命周期理论

产品生命周期是指产品从研究研发，进入市场开始，直到最终退出市场为止所经历的全部时间。根据菲利普·科特勒的观点，典型的产品生命周期一般可以分为五个阶段：开发期、介绍期、成长期、成熟期、衰退期。典型的生命周期曲线如图5-3所示。

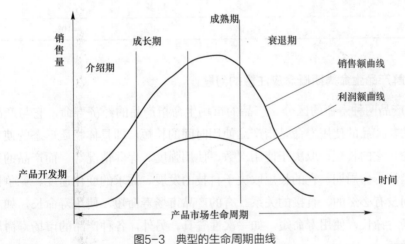

图5-3 典型的生命周期曲线

1. 产品市场生命周期各阶段的特点

（1）开发期：开发期是产品生命的培育阶段，始于企业形成新产品构思。在此阶段销售额为零，而企业的投资额却不断增加。

（2）介绍期：新产品刚刚投入市场，这时顾客对产品还不了解，只有少量追求新奇的顾客购买，销售量低。为了打开销路，企业需要投入大量的促销费用，对产品进行宣传。这一阶段，由于新产品生产批量小，因而成本高，销售额增长缓慢，企业利润小，有时可能亏损。

（3）成长期：顾客对产品已经熟悉，大量新的顾客开始购买，市场逐步扩大。产品已经具备大量生产的条件，生产成本相对降低，企业的销售额迅速上升，利润也迅速增长。在这一阶段，竞争者觉得有利可图，纷纷进入市场参与竞争，使同类产品供给量增加，价格随之下降。

（4）成熟期：由于竞争加剧，销售额和利润增长缓慢，到后期呈下降趋势，在这一时间，销售额和利润达到最大值。

（5）衰退期：产品已经陈旧和老化，销售额下降很快，利润大幅下降，费用增加，有时出现亏损，竞争淡化，即将被市场淘汰。

产品生命周期各阶段的特点如表5-2所示。

表5-2　产品生命周期各阶段的特点

时期 类别	开发期	介绍期	成长期	成熟期	衰退期
销售额	无	低	迅速增长	缓慢增长或下降	下降
利润	无	低	迅速增长	减低	低或无
成本	无	高	低	下降	回升
顾客	无	试用者	多数	多数	保守者
竞争者	无	很少	增多	最多	减少
销售增长率	无	<10%	>10%	=10%	<10%

2. 理解产品生命周期概念应注意的问题

（1）产品两种寿命的区分。产品的市场生命指产品的经济寿命，它与产品的使用寿命是不同的。产品的使用寿命是指产品使用时间的长短，即具体物质形态的使用、维修、保存的寿命。它的长短，取决于使用次数、使用强度、保养情况等。而产品的市场寿命是指产品的经济寿命周期，它的长短取决于科技的发展、需求的变化速度、竞争情况等。两种寿命之间没有必然的、直接的关系。有的产品市场寿命短，使用寿命长，如衣服等；有的产品市场寿命长，使用寿命短，如一次性餐具。另外，各种产品的市场寿命周期的长短也是不一样的。

（2）产品生命周期各阶段的划分是相对的。由于产品生命周期各阶段并无明确标志，要完整地描述产品生命周期必须等到产品被市场淘汰后，根据资料来整理。

3. 研究产品生命周期的意义

对于产品生命周期的研究及应用，对企业的是市场营销具有重要意义。

产品生命周期理论反映了产品从投入市场到退出市场的必然过程，各个阶段在竞争、生产费用、销售量以及利润等方面各有特点，因此，企业决策者应在产品生命周期的不同阶段采取不同的市场营销策略，开发新的市场，制定新的竞争对策，以保证产品在整个生命周期内盈利最大。

5.4 产品生命周期策略

从产品生命周期理论说明，不会有一种产品经久不衰，永远获利，必须经常对企业的各类产品市场状况进行分析，淘汰老产品，开发新产品，使企业的产品组合处于最优状态。当一种产品进入衰退期时，必须保证有其他产品处于介绍期、成长期或成熟期，不至于老产品的淘汰而引起企业利润下降，即要同时准备几代产品，如生产一代、储备一代、研制一代和构思一代。

5.4.1 产品生命周期各阶段的营销策略

产品处于不同阶段，企业要制定不同的营销策略。

1. 开发期营销策略

详见5.5节。

2. 介绍期营销策略

根据这一时期的特点，企业营销策略的重点突出一个"快"字，应使产品尽快地为消费者所接受，缩短产品的市场投放时间。

（1）产品策略。进行产品定型，完善产品性能，稳定产品质量，为产品进入成长期大批量生产做准备。

（2）价格和促销策略。在介绍期，产品价格和促销费用对能否尽快打开销路有重大影响。价格与促销费用根据不同产品、不同市场而有所区别。通常有以下几种策略可选择：

① 快取脂策略，即高价高促销策略。该策略以高价配合大规模促销活动，先声夺人，占领市场，希望在竞争者反应过来之前，就收回投资。采取这种策略，往往是该产品需求弹性小，市场规模大，并且潜在竞争者较多。

② 慢取脂策略，即高价低促销策略。为早日收回投资，仍以高价投入市场，但减少促销成本。

③ 快渗透策略，即低价高促销策略。让产品以最快的速度深入市场，并为企业带来最大的市场占有率。实施这种策略，往往是该产品的市场容量相当大，消费者对此产品不了解，且对价格十分敏感，潜在竞争比较激烈，必须抢在激烈竞争前使产品批量上市。

④ 慢渗透策略，即低价低促销策略。低价格的目的在于促使市场尽快接受该产品，低促销费用的作用在于降低销售费用，增强竞争力。采用这一策略，往往是该市场容量较大，顾客对该新产品的价格十分敏感，有相当多的潜在竞争者准备加入竞争行列，眼下竞争尚不激烈。

（3）渠道策略。对于大多数新产品，企业一般采用比较短的分销渠道。

（4）促销策略。根据产品及市场的属性，选择适用的促销手段，宣传产品的功能、效用及满足消费者的利益，以最快的速度突破进入市场的障碍，早日赢得目标顾客的认识、认同、喜欢和购买。

3. 成长期的营销策略

针对这一时期的特点，企业的营销重点突出一个"好"字，就是怎样比竞争者提供更好的产品，怎样更好地满足消费者需要。

（1）产品策略。努力提高产品质量，增加花色、款式，改进包装，实行产品差异化策略。增强企业创名牌意识，树立产品独特形象。

（2）价格策略。使产品价格保持在适当水平。这时若采用高价策略，会失去许多顾客；若采用低价策略，因产品已被广大消费者接受，企业将失去该得的利润。一般情况下，可在适当的时间降低售价，吸引对价格敏感的顾客，并抑制竞争。

（3）分销策略。完善分销渠道，扩大商业网点。

（4）促销策略。改变广告宣传的重点。把广告宣传的重心从介绍产品转为使广大购买者深信本企业的产品。

4. 成熟期营销策略

在这一时期企业应当采取进攻或防御并举的策略，营销重点突出一个"争"字。即尽量争取延长成熟期时间，争取稳住市场占有率，具体采取三种策略。

（1）产品改进策略。又称为产品再推出策略，即将产品的性能、品质等予以明显的改革，以便保持老客户，吸引新顾客，从而延长成熟期，甚至再次进入投入期（再次循环）。例如，电视机生产商将普通电视机改为互联网电视；白酒生产商把普通包装的酒用新的礼品包装。此外，提供新的服务也是产品改进策略的重要内容。

（2）市场改进策略。即指寻求新用户。市场开发可以通过下述三种方式实现：一是开发产品的新用途，寻找新客户。二是刺激现有老顾客，提高产品使用率。三是重新为新产品定位。

（3）营销组合改进策略。即通过改变市场营销组合中一个或几个因素来延长产品成熟期，例如，通过降价、开辟多种销售渠道、有奖销售等来刺激消费者购买。在这一策略中，最常用的是通过降低价格来吸引顾客，提高竞争能力，但采用此种策略的主要缺点是：容易被竞争者模仿，加剧竞争，又可能使销售费用增加而导致利润损失。还可以采取改变分销渠道，扩大利益附加服务等项目。

5. 衰退期营销策略

在衰退期，由于技术进步，消费者需求偏好会发生变化，或者由于激烈的竞争，所以生产过剩，销售额、利润下降。这时企业的营销重点是突出一个"转"字，即怎样有计划地转移阵地、有计划地撤出市场。通常有以下几种策略可供选择：

5.4 产品生命周期策略

（1）继续策略。继续沿用过去的市场营销策略，仍在原来的市场上，使用相同的销售渠道、定价及促销方式，直到这种产品完全退出市场为止。采用这种策略的企业，它的产品仍有盈利，在市场上竞争力较强，随着竞争者的减少，企业可能保持甚至增加一定的销售额，并且企业仍有其他处于成熟期的产品。

（2）集中策略。又称收缩策略。即淘汰一些小的细分市场，把企业的资源集中使用在最有利的细分市场、最有效的销售渠道和最易销售的品种、款式上。概言之，缩短战线，以最有利的局部市场赢得尽可能多的利润。

（3）收缩策略。大幅降低促销水平，尽量减少销售和推销费用，以增加目前的利润。这样，可能导致产品在市场上的衰退加速，但又能从忠实于这种产品的顾客中得到利润。

（4）放弃策略。对于衰退比较迅速的产品，应当当机立断，放弃经营。可以采取完全放弃的形式，如把产品完全移出去或立即停止生产；也可以采取逐步放弃的方式，使其所占用的资源逐步转向其他产品。

要特别注意，对产品是否进入衰退期应该认真调查、分析和确认，要注意可能存在的一些假象。有时，由于宏观市场环境好转，或因调整、完善原来的经营计划，又可使产品复苏。

引导案例

速溶咖啡新上市的调整

速溶咖啡产生于美国20世纪初期，在上市之初，速溶咖啡制造商麦斯威尔咖啡决策层认为，速溶咖啡与传统的手磨咖啡相比，能让美国的家庭主妇们从烦琐的咖啡制作中解脱出来，省时省力，因此，他们决定向美国家庭主妇展开宣传攻势，大力宣扬速溶咖啡省时省力的特点。但市场反应平平，没有达到推广目的。他们百思不得其解，经过深入调查分析，终于找到了失败的原因。当时，在美国家庭主妇的观念里，制作咖啡的烦琐过程被视为是一个勤快家庭主妇的标志，购买速溶咖啡图的是省时省力，会被人们认为，这是一个懒惰的家庭主妇，难怪速溶咖啡不被他们接受。了解到这一微妙的消费心理之后，他们调整了新产品定位，转而诉求速溶咖啡的醇香美味，并邀请当时的总统罗斯福为之做广告，在罗斯福总统的那句"滴滴香浓，意犹未尽"感召下，美国的家庭主妇争相品尝速溶咖啡的醇香美味，从此速溶咖啡进入美国的千家万户。

营销启示：

新产品的开发和上市受到很多因素的影响，企业开发新产品也面临很多的风险。但是企业不开发新产品就会裹足不前，无法适应激烈的市场竞争。企业保持生命力的最重要的手段就是开发新产品。

5.5 新产品开发策略

5.5.1 新产品的概念

市场营销学里的新产品范畴与科技领域的新产品的含义不同,它不仅指新发明创造的产品,其内容要广泛得多。从市场营销角度看,凡是能给顾客带来新的利益、新的满足的产品,都属于新产品的范围,它包括了企业所有发明、革新、改进和仿制品。

(1)全新产品,它是指采用新原理、新技术、新材料制成的新产品,如飞机、电子计算机、晶体管、青霉素的问世。开发全新产品需要花费巨大的人力、资金和时间,大多数企业难以开发。

(2)换代新产品。又称革新产品或部分新产品,它是指利用科学技术对原有产品进行较大的革新,给消费者带来新的利益。例如:黑白电视机革新为彩色电视机。这类新产品主要在产品性能上有显著的革新。

(3)改进新产品。它是指对现有产品的品质、特点、款式等做一定的改进。这类新产品与原有产品的差别不大,是原有产品基础上派生出来的变形产品,例如不同型号的汽车、新款式的服装,普通牙膏改为药物牙膏。改进新产品与换代新产品是市场上出现新产品的主要来源,也是企业开发新产品的重点。但改进新产品的研制更为重要,也比较容易被消费者接受,因而竞争也比较激烈。

(4)仿制新产品。它是指市场上已有,本企业模仿或稍加改变而生产的产品。仿制品必须注意专利权问题,防止冒牌违法行为的生产。

全新产品和换代新产品,称为技术新产品,一般研制较难,但竞争较小;改进新产品和仿制新产品又称为市场新产品,一般研制较易,但竞争较激烈。

5.5.2 新产品开发的方式

采用什么方式开发新产品,也是企业进行新产品开发时需要解决的重要问题。一般有四种方式可供企业选择。

1. 独立研制型

独立研制型是指企业依靠自己的科研、技术力量研究开发新产品。这种方式可以密切结合企业的特点，容易形成本企业的产品系列，使企业在某一方面具有领先地位，但独立研制需要较多的研制费用。目前，我国许多大的公司、企业，都有自己的科研室、实验室，进行新产品的独立研制。

2. 引进型

引进型是指利用已经成熟的制造技术，借鉴别人已经成功的经验开发新产品。采用这种方式不仅可以缩短开发新产品的时间，节约研制费用，而且可以促使技术水平和生产效率乃至产品质量的提高。但应注意，从生产企业引进的技术，通常是别人已采用的，此时要认真分析市场容量的大小，分析自己的竞争能力。

3. 研制与研究相结合

研制与研究相结合就是在开发新产品的方式上采取两条腿走路，既重视独立研制，又重视技术引进，两者相结合，互为补充，会产生更好的效果。而目前，国内外企业采用这种方式新开发产品的行为较为普遍。

5.5.3 新产品开发的过程

新产品开发的过程，依据开发方式的不同而不同。但在各种开发方式中，独立研究的开发过程最为复杂。下面，着重从市场营销的角度，介绍独立研制方式的新产品开发过程。

1. 寻求创意

新产品开发过程是从寻求创意开始的。所谓创意，就是开发新产品的设想。虽然并不是所有的设想或创意都可以变成产品，寻求尽可能多的创意却能为开发新产品提供较多的机会。

在寻求创意时，企业应当首先搞清：企业重点投资的领域及其发展程度；开发新产品的目的及其计划投入资金；预期市场占有率；竞争对手的实力等。只有这样，才有减少创意的失败率。

新产品的倡议要集思广益，特别要听取消费者的建议，据美国专家调查，新产品有60%～80%的创意来自用户的建议。我们不仅要把用户合理的要求作为构思的源泉，还要注意一些听起来不甚合理的要求。如顾客希望羊毛衫洗后能恢复原样，因此，企业就开发了羊毛衫洗涤剂，推出了羊毛衫整烫。此外，还可以从商业部门、竞争对手、科研部门、大专院校、国内外情报资料、内部技术人员和推销人员、中间商等中寻求创意。

2. 筛选创意

取得足够创意之后，要对其加以评估，研究其可行性，并挑选出可行性较强的创意。筛选的目的在于淘汰那些根本不可行或可行性较低的创意，使有限的资源集中在成功的机会较大的创意上来。

筛选创意时，一般要考虑两个因素：一是该创意是否与企业的战略目标相适应，表现为利润目标、销售目标、销售增长目标、形象目标等各个方面；二是企业有无足够的能力开发这种创意，这些能力表现为资金能力、技术能力、人员资源、销售能力等。

3. 产品概念的形成与试验

产品概念的形成是指企业将产品创意转换成消费者接受的企业形象。形成的产品创意不等于产品的概念，两者最重要的区别在于前者只有一个，而后者则不止一个。例如，生产方便面是一种创意，但由此形成的产品概念可能有高营养方便面、快餐方便面、夜宵方便面等。

产品概念形成后，还要进行产品概念的试验，即企业将各种产品概念用文字或图样描述出来，拿到某一消费者群中进行评价，以了解潜在顾客的不同反应，从中选择最佳的产品概念。

4. 商业分析

商业分析又称经营分析，是对已基本定型的产品概念进行分析论证，目的是在发生进一步开发费用之前，剔除不能盈利的新产品建议。由于大部分不适用的新产品建议在筛选阶段已经淘汰，因此，进行效益分析时，常常集中于为数不多的几个新产品方案上。

这一阶段重点是从财务上分析预测该项新产品的预期销售量、成本、利润以及投资回收期等，对新产品进行更加详细的实质性的经济分析。以判断该产品是否有发展前途。新产品效益分析的方法有很多种，常用的有盈亏平衡销售量法、投资回收期法、资金利润率法、利润贴现法。

5. 新产品研制

产品概念通过市场分析，就移交给企业的研究与开发部门或工程部门，进行产品开发，把产品概念变为物质产品。此阶段须搞清楚这些问题：产品概念能否成为商业上可行的产品。如果不能，则企业迄今所花的一切投资全部化为乌有。

企业的研究与开发部门在这个阶段要根据选定的产品概念塑造若干个"产品原型"。当产品原型塑造出来以后，还必须进行严格的"功能和消费者试验"。"功能试验"是在

5.5 新产品开发策略

实验室和现场进行的,目的是搞清楚新产品是否安全,其性能是否良好。至于"消费者试验",可以请一些消费者来试验室做试验,或者把样品交给一些消费者试用。

6. 市场试销

市场试销就是把研制出来的产品,投入经过挑选的有代表性的小型市场范围内进行销售试验,以检验正常条件下顾客的反应。这样既能进一步了解新产品的销售情况,又能检验产品包装、装潢、广告的效果,还能发现新产品存在的问题和销售组织的状况。企业要根据试销中存在的问题,采取针对性措施,使产品和销售工作更加完善,为产品投放市场打好基础。

是否需要试销因产品而异,当企业对开发或引进的新产品有足够的信心,或企业在发展与试验阶段已经通过各种方式收集了用户对该产品的意见和建议,对产品做出了改进,并且了解到该产品已具有相当的潜在客户时,就可以不必进行试销,直接纳入企业的销售渠道向市场推出;一般价格昂贵并非大量销售的工业商品通常也不经过试销阶段。而有些许大量投资的新产品或管理者对产品及营销方案没有把握时,则要试销。西方国家对消费品的试销,通常有三种方法:标准市场试销、控制市场试销、模拟市场试销。对产业用品常用的试销方法是试用展销。

7. 正式上市

正式上市也称商业化阶段。即该产品批量生产,投入市场。该阶段是新产品开发过程中耗资最大的阶段。通常正式上市的每年,销售费用将占销售收入的一半以上,获利的可能性很小。例如,美国著名的麦当劳快餐店,在介绍一种新式快餐时,每周广告费高达500多万美元。因此,在正式推出新产品时,企业还要做出四项决策,选择好上市时机、上市地点、目标顾客和营销策略,以确保正式上市一举成功。

5.5.4 新产品开发风险

新产品从研究开发到生产和销售,是一个充满风险的过程,这种风险既蕴含着可使企业发展和盈利以及获取技术优势与市场优势的机会,也存在失败的危险。有一项研究指出,消费品的新产品失败率约为40%,工业品为20%,提供新服务的失败率为18%。最近,一项对700家消费品和工业品厂商做的调查显示,新产品的成功率只有65%。新产品的开发、生产和销售,存在技术风险、生产风险、市场风险,一旦遇到风险而失败,带给企业的损失是巨大的。例如,美国福特汽车公司曾研制和出售过一种名为"爱德赛"牌的小汽车,不幸遭到失败,损失高达3.5亿美元。新产品开发失败的原因是很多的,但归纳起来,主要有以下几类:

第五章 产品策略

1. 技术上不过关

有的新产品对技术要求很高，但企业技术能力有限，使得产品质量不能保证。如有的企业生产的电热水沐浴器，由于技术上未过关，竟然发生消费者在沐浴时触电身亡事件，新闻媒体一曝光，很少有消费者买这种热水沐浴器了。有的企业信息不灵，生产出来的产品不够先进，这样就失去了技术上的优势。有的企业在产品开发中，由于技术障碍，产品迟迟研制不出来，造成开发时机过迟，市场已被竞争者占领。

2. 过分重技术轻市场

过分重技术轻市场即过分重视技术的先进性而忽视对市场需求的分析，开发出来的新产品尽管技术水平和性能均比较高，但因不符合国情或超过消费者承受能力而缺乏市场需求。集中表现在产品售价太高。例如，某企业拟开发一种省力型的打谷机，可以减少农民在进行谷物脱粒操作时的困难和体力消耗，但开发成功后难以打开销售局面。原来，传统型的人力打谷机已占据市场，该新产品的售价比一般打谷机高出几倍，因而对于节俭的、稻田不多的中国农户来说无疑显得价格偏高。

3. 市场不利因素估计不足

在估计新产品的市场容量时过于乐观，看不到不利的市场因素，结果对市场做出过高估计而导致决策失误。例如，某企业开发了一种液化气残液处理器，认为全国有成百上千万液化气用户，因而市场潜力是巨大的。但开发成功后，却遇到大量市场风险而失败。因为这种产品首先要获取公安部门的许可，并取得煤气公司的同意。因而不仅审批环节多，而且涉及与煤气公司的利益关系，煤气公司想与这家企业联营，但利益分配难以处理，结果双方合作不欢而散。其次，这种残液处理器只能安装在液化气罐里面，而用户不能自己拆卸液化罐，因此只能在新液化气罐出场时才能安装，市场容量大大缩小。此外，国内也有其他企业在开发这类产品，且在安装方便性方面要好得多，致使市场竞争激烈。

4. 市场营销活动不足

有的新产品开发出来，因为渠道策略不当，或因为缺乏足够促销活动，未能达到预期效果。例如"江南药王"胡庆余堂，近来研制的新产品有"杞菊地黄口服液""儿童糖浆口服液""金果饮含片"等，效果好，但缺少宣传，未能抢占市场。

本章小结

企业产品策略是企业营销战略的重要组成部分。企业的一切营销活动都是围绕产品进行。企业的营销战略确定后，在具体的实施过程中所采取的具体的产品策略包括：整体产品策略，新产品开发策略，产品组合策略，产品品牌和包装策略，产品生命周期策略。

5.5 新产品开发策略

课后练习

一、主要概念
产品整体概念、产品生命周期概念及各阶段营销策略、产品组合策略、品牌策略、新产品概念。

二、判断题
1. 产品的市场寿命等同于产品的经济寿命。（   ）
2. 售后服务是指产品整体层次中的附加产品层次。（   ）
3. 一个企业拥有产品大类的数量称为产品线的长度。（   ）
4. 消费者经常和随时需要的产品（如牙膏、香烟、文具）属于选购品。（   ）
5. 在产品的介绍期，企业营销策略的重点突出一个"转"字。（   ）
6. 高价格高促销称为快取脂策略。（   ）
7. iPhone7相对于苹果公司的手机产品来说属于换代新产品。（   ）
8. 海尔的所有产品都由企业自己制造，统一使用海尔品牌，这是属于制造商品牌。（   ）
9. 联合利华旗下的洗发水有多芬、清扬、夏士莲等，属于分类品牌策略。（   ）
10. 任何产品都会依次经历产品生命周期的每一个阶段。（   ）

三、单项选择题
1. （   ）是产品最基本的层次，是满足顾客需求的核心内容，即顾客所要购买的实质性的东西。
   A．核心产品　　B．形体产品　　C．期望产品　　D．潜在产品
2. 消费者不知道的产品，或者知道但没有兴趣购买的商品，如新上市产品、人寿保险等，称为（   ）。
   A．便利品　　B．未寻求品　　C．特殊品　　D．选购品
3. 具有相同功能，但型号规格不同的一组类似产品是指（   ）。
   A．产品线　　B．产品组合　　C．营销组合　　D．产品整体层次
4. 生产经营高档产品的企业在原产品线内增加一些低档产品是属于（   ）。
   A．向上延伸　　B．向下延伸　　C．双向延伸　　D．缩减产品策略
5. 快取脂策略是指（   ）。
   A．高价高促销　　B．高价低促销　　C．低价高促销　　D．低价低促销
6. 市场上已有，企业模仿或稍加改变而生产的产品，是指（   ）。
   A．换代新产品　　B．改进新产品　　C．仿制新产品　　D．全新产品
7. （   ）指品牌中可被识别但不能用语言表达的部分，包括符号、图案或专门设计的颜色。

A．品牌名称　　　B．品牌标识　　　C．商标　　　　　D．品牌概念
8．企业各种产品使用不同的品牌是（　　）。
　　A．统一品牌　　　B．个别品牌　　　C．分类品牌　　　D．多品牌策略
9．永久自行车在20世纪90年代是一代人的记忆，目前永久推出了复古永久C系列自行车，外型复刻之前的经典款式并做了美化，价格也是在中高端。这是（　　）。
　　A．统一品牌　　　B．品牌再定位　　C．个别品牌　　　D．多品牌
10．针线包、工具箱、节日礼品等把使用时有关联的商品放在一起属于（　　）。
　　A．类似包装　　　B．配套包装　　　C．复用包装　　　D．附赠品包装

四、分析应用题

1．指出手机的五个产品层次。
2．以海尔为例列出五条产品线，并分析产品线之间的关联程度。

五、案例分析

　　"立顿红茶"1890年在英国诞生，如今行销全球120多个国家，在袋泡红茶市场上拥有80%的市场份额。立顿红茶做到了标准化，不界定产地，不界定季节，保存和携带方便，使用（冲泡）简单、方便。立顿把各种茶的品种分割成不同的产品品类，不断创造出新的口味和用户体验，瞄准消费者方便快速地喝一杯茶的需求，吸引了大量年轻人和办公室白领。在官方网站上，放上几段幽默的视频，向消费者告知喝茶可以达到的目的有：保持轻盈体态、再现青春、净化心灵、摆脱疲劳、延年益寿等，各种不同功能、不同口味的产品满足不同年龄、不同需求的消费者，其产品价格走的是大众化的路线，品牌是都市的、时尚的、亲民的，直接和当代生活对接，提高了消费者购买的随意性和冲动性。

　　问题：
　　（1）茶叶生产厂家除了考虑产品的品质和功能外，还需要对产品做哪些更深层次的了解？
　　（2）立顿红茶的产品组合策略及其作用如何？

第六章 定价策略

教学目的要求：
1. 能掌握企业定价概念。
2. 能掌握需求弹性概念。
3. 能理解企业定价的基本依据。
4. 能掌握企业定价的基本方法。
5. 能理解新产品定价策略。
6. 能理解心理定价策略。
7. 能理解组合定价策略。
8. 能理解折扣定价策略。
9. 能理解促销定价策略。
10. 能理解提高价格策略。
11. 能理解降低价格策略。

教学重点难点：
1. 企业定价的基本依据。
2. 企业定价的基本方法。
3. 定价的策略。
4. 变价的策略。

引导案例

浙江德仁集团企业定价策略

浙江德仁集团从1993年开始生产胶合板,由于质量与进口的胶合板有差距,定价为进口的近50%。1994—1997年,国内对胶合板的需求急剧上升,德仁的产品供不应求,制定了高价策略,以低于国外进口价15%的价格作为出厂价,产品销售利润达60%~90%,短短3年公司净资产增加5倍,完成了原始积累。

1997—2000年因竞争者增多,国内房地产市场萎缩,对胶合板的需求大量减少,德仁采取连续降价措施,每张胶合板的价格从70元一直降到2000年初的26~28元。由于它率先降价,销量大升,市场占有率从全国第7位上升到第2位,规模效应带来单位成本下降,公司利润保持了两倍的增长。

2000年下半年,胶合板市场出现新的需求,消费者趋向购买符合环保、健康要求的高级胶合板。但国内高级胶合板的生产是个空白,主要依赖进口。德仁公司捕捉到这一市场信息,迅速推出高级环保胶合板,定价参考国外进口产品的市场价格。比普通胶合板的定价高出30%~50%,制造成本仅增加了10%左右,深受消费者欢迎。

6.1 产品定价概述

价格是商品价值的货币表现。企业定价,就是企业依据产品成本、市场需求以及市场竞争状况等影响因素,为其产品制定适宜的价格,使其产品在保证企业利益的前提下,最大限度地为市场所接受的过程。产品定价是一门科学,也是一门艺术。为自己的产品确定一个合适的价格,是当今每一个企业经营者都必须面对的问题。虽然随着经济的发展和人民生活水平的逐渐提高,价格已不是市场接受程度的决定因素,但它仍然是关系着企业产品及企业命运的一个重要砝码。在4P中,价格是唯一能创造利润的变数。价格策略的成功与否,关系着产品的销量、企业的盈利、企业和产品的形象。为此,企业经营者必须掌握定价的基本原理、方法和技艺。价格与市场互为依托,相互作用,共同构成市场经济的两大前提。

6.1 产品定价概述

6.1.1 企业定价的基本依据

1. 价格构成

价格构成是指构成商品价格的各个要素及其构成情况。价值是价格形成的基础，价格构成是价值构成的反映，两者之间是相互对应的关系。产品价格是由产品成本（包括生产成本和流通费用）、税金和利润三大要素构成的。

（1）产品成本。生产成本和流通费用构成商品生产和销售中所耗费用的总和，即成本。这是商品价格的最低界限，是商品生产经营活动得以正常进行的必要条件。生产成本是商品价格的主要组成部分。构成商品价格的生产成本，不是个别企业的成本，而是行业（部门）的平均成本，即社会成本。流通费用包括生产单位支出的销售费用和商业部门支出的商业费用。商品价格中的流通费用是以商品在正常经营条件下的平均费用为标准计算的。

（2）税金。税金是国家向纳税义务者无偿征收财物的一种形式，具有强制性和无偿性。我们这里所讲的价格中的税金，是指生产和经营单位按照国家税法规定应计入产品价格和服务收费中的纳税金额。同产品价格直接有关的税有增值税（增值税是价外税，不是价格的组成，但企业所确定的价格往往把增值税也包括在内）、消费税以及根据流转额征收的附加税等。

（3）利润。产品价格中的利润，是指产品销售价格减去产品成本和税金后的余额。企业生产产品和经营产品所获利润的大小是企业经营管理水平的重要体现，与企业经济效益和个人经济利益密切相关，同时还关系到对国家贡献的大小。因此，要确定合理的利润，正确确定利润在产销及流通各环节的分配比例，使生产和经营各个环节都能取得大体平衡的利润。

2. 价格与市场供求状况

产品价格的高低受到市场供求关系的制约，同时，它也影响着市场上某种商品需求量和供给量的大小。市场需求是影响企业定价的最重要的外部因素，它规定了产品价格的最高限度（上限）。也就是说，产品价格不能高到无人购买，也不应低到供不应求、市场脱销。企业给产品定价必须考虑市场供求状况和需求弹性，确定一个符合供求关系的合理价格。

（1）产品价格与市场供求的关系。在市场经济条件下，市场供求影响市场价格，市场价格又影响市场供求。供求规律是市场经济的客观规律。产品供过于求时价格下降，供不应求时价格上涨。对消费者而言，产品价格上涨会使需求量减少，价格下降会使需求量增加；而对企业而言，价格上涨，产品供应量增加，价格下降，产品供应量减少。在完全竞争的市场条件下，价格完全在供求规律的自发调节下形成，企业只能随行就市定价；在不完全竞争的市场条件下，企业才有选择定价方法的必要与可能。

（2）消费者对产品价格与价值的感受。最终评定价格是否合理的是消费者。因此，企业在定价时必须考虑消费者对产品价格和价值的感受及其对购买决策的影响。换言之，定价决策也必须如其他营销组合决策一样，以消费者为中心。

（3）需求的价格弹性。在价格与需求的关系方面，营销者还要了解需求的价格弹性，即产品价格变动对市场需求量的影响。不同产品的市场需求量对价格变动的反映程度不同，也就是弹性大小不同。

产品的需求弹性在理论上有五种情况：完全无弹性、单一弹性、完全有弹性、缺乏弹性和富有弹性。前三种情况只是理论上的假定，在现实中是罕见的。在现实经济生活中需求的价格弹性主要是缺乏弹性和富有弹性两种情况。

所谓需求价格弹性，简称需求弹性，是指由于价格的相对变动，而引起的需求相对变动的程度。通常用需求弹性系数表示。

$$需求弹性系数＝需求量变动百分比÷价格变动百分比$$

需求弹性的变化一般有三种情况：
① 当需求弹性系数＞1时，称为富有弹性。
② 当需求弹性系数＜1时，称为缺乏弹性。
③ 当需求弹性系数＝1时，称为单一弹性或不变弹性。

假设当一个卖主提高2%的价格时，需求量下降10%，需求的价格弹性就是-5（负号表示了价格与需求量的反比关系）。假设价格提高2%，需求下降2%，这时的弹性就是-1，在这种情况下，卖主的总收入维持不变。假设价格提高2%，需求量下降1%，这时的弹性是-0.5。需求弹性越小，卖主得到的提价好处就越多。假如需求有弹性，卖主就可以用降价的方法来扩大销售。

影响需求弹性的因素很多，主要有以下几方面：
① 产品与生活关系的密切程度。凡与生活关系密切的必需品，需求弹性小，如柴、米、油、盐等；反之，需求弹性大。
② 产品本身的独特性和知名度。越是独具特色和知名度高的名牌产品，消费者对其价格越不敏感，需求弹性越小，如北京同仁堂的传统中成药；反之，则需求弹性大。
③ 替代品和竞争产品种类的多少和效果的好坏。凡替代品和竞争产品少并且效果也不好的产品，需求弹性小；反之，需求弹性大。
④ 产品质量和币值的影响。凡消费者认为价格变动是产品质量变化或币值升降的必然结果时，需求弹性小；反之，需求弹性大。

一般情况下，当产品需求富有弹性时，企业在降低成本、保证质量的前提下，可采用低价策略扩大销售，如电视机、电冰箱等产品，争取较多利润。当产品需求缺乏弹性时，如某些名、特、优、新产品，企业可适当提高价格以增加利润。

3. 市场竞争状况

市场竞争也是影响价格制定的重要因素。根据竞争的程度不同，企业定价策略会有所

6.1 产品定价概述

不同。按照市场竞争程度,可以分为完全竞争、垄断性竞争、寡头垄断竞争和纯粹垄断四种情况。企业在不同的市场结构条件下,所享有的定价自由也有所不同。

(1)在完全竞争的条件下,卖主和买主只能是价格的接受者而不是价格的决定者。完全竞争又称为自由竞争或纯粹竞争。这是一种不受任何干扰的市场,市场上有许多卖主和买主,他们买卖的商品只占商品总量的一小部分,没有哪一个卖主或买主对现行市场价格能有很大影响。他们只能按照由市场供求关系决定的市场价格来买卖商品。卖主和买主都只能是价格的接受者,而不是价格的决定者。在现代社会,完全竞争的市场事实上并不存在。

(2)在垄断性竞争的条件下,卖主已不是消极的价格接受者,而是强有力的价格决定者。垄断性竞争是一种介于完全竞争和纯粹垄断之间的市场结构,既有垄断倾向,又有竞争成分,它是一种不完全竞争。在这种市场形势下,有许多卖主和买主,但他们提供给市场的产品有差异,至少是消费者心理认知上的差异。因此,各个卖主对其产品有相当的垄断性,能控制其产品价格。也就是说,在垄断性竞争的条件下,卖主已不是消极的价格接受者,而是强有力的价格决定者。

(3)在寡头垄断竞争的条件下,少数几家大公司控制市场价格,而且它们相互依存、相互影响。寡头垄断是指某种产品的绝大部分由少数几家大企业生产或销售,是竞争和垄断的混合物,也是一种不完全竞争。在西方国家,如汽车、钢铁等许多大行业都是寡头垄断。在寡头垄断的市场上,每个大企业在该行业中都占有相当大的份额,以至于它们中任何一家厂商的产量或价格变动都会影响该种商品的价格和其他厂商的销售量。在这种市场结构中,商品的价格不是由市场供求决定的,而是由几家大企业协商操纵的。操纵价格一旦决定,就会维持一个相当长的时间。各寡头企业相互依存、相互影响,每一个寡头垄断企业做决策时都必须密切注意其他寡头垄断企业的反应和决策。

(4)在纯粹垄断(独家经营)的条件下,卖主完全控制市场价格,可随意定价。纯粹垄断又称为完全垄断,是指在一个行业中某种产品的生产和销售完全由一个卖主独家经营和控制。在实际生活中,完全垄断的市场并不多,主要是某些国家政府特许的独家企业对一些公用事业的垄断,还有一些是企业对某种产品的专利或原料的垄断。从理论上讲,垄断企业有完全的定价自由,可以随心所欲地操纵市场。但是,独家经营企业的产品价格也要受到种种限制,例如不合理的高价会引起消费者的不满、政府的干预和替代品的盛行。

总之,大多数市场都是不完全竞争的市场。在这种市场上,企业必须为自己的产品确定灵活、适当的价格策略,以求取得经营上的成功。

1988年春季,全国百货钟表订货会在济南召开,当时全国机械手表大量滞销、积压,连续3次降价,仍不见市场好转。因此,很多厂家都担心订货会会变成"血本甩卖会"。上海是中国钟表行业的老大,各地钟表厂商的眼睛自然盯着上海,并纷纷询问信息。当得知上海手表不准备降价时，都放了心，原先准备降点价的厂家也改变了主意，全都挂出70元、80元的老价格。订货会开了两天，商家在会上转来转去，只询价，不订货。正犯愁时，上海在第三天一大早，突然挂出了"所有沪产手表降价30%"的牌子，从70多元钱一块哗啦降到40元一块。这一手，把外地钟表厂家打蒙了。请示研究后，他们也决定降价30%，但这时上海人已把生意全做完了。

与此同时，深圳的天霸表不仅没降价，还悄悄地涨价，从120元、130元涨到180元、190元，变一个样涨一次，在消费者中树立了高品质的形象。那年他们赚了多少，没人统计过，但从市场情况看，卖得相当好。他们用的也是那种办法：人降我涨，制定出奇制胜的价格，进行地毯式轰炸般的广告宣传，垄断一个特定的市场。

6.1.2 企业定价的基本方法

企业在确定定价目标、掌握了各有关影响因素的资料后，就开始做具体定价工作。这是一项十分复杂而又难以准确掌握的工作，任何企业都必须借助于科学的、行之有效的定价方法。影响定价的三个最基本因素是产品成本、市场需求和竞争。因此，定价方法也可分为三类：成本导向定价法、需求导向定价法和竞争导向定价法。

1. 成本导向定价法

成本导向定价法是以产品成本作为定价基础的定价方法。这里所讲的成本，指商品的总成本，包括固定成本和变动成本。生产企业在运用成本导向定价法时，应考虑生产总成本与流通总成本。成本导向定价法运用得比较普遍，约占全部产品定价法的50%。在具体运用中，主要有以下三种方法：

（1）成本加成定价法。成本加成定价法也称"标高定价法""加额法"，是以产品的单位总成本加上企业的预期利润定价。售价与成本之间的差额就是"加成"，"加成"即加$N\%$。其计算公式是：

$$P = C \times (1 + N\%)$$

式中，P为单位产品价格；

C为单位产品平均成本；

$N\%$为预期利润率（即加成）。

设某产品单位固定成本为40元，变动成本为60元，预期利润率为25%，则该产品的价格为：

$$P = (60 + 40) \times (1 + 25\%) = 125（元）$$

采用这种方法制定产品价格，计算简单，在正常情况下，可以保证企业获得预期利

6.1 产品定价概述

润。但定价时只考虑产品成本,不注意市场需求的程度、产品市场生命周期、竞争状况等因素,缺乏灵活性,难以适应激烈变化的市场竞争。

(2)变动成本定价法。变动成本定价法也称"边际成本定价法""边际收益定价法"。定价时只计算变动成本,不计算固定成本。边际成本是指每增加(或减少)一个单位产品所增加(或减少)的成本。从量上看,边际成本与变动成本基本相等,故按变动成本定价即按边际成本定价。

例如:某产品单位固定成本为40元,变动成本为60元,但由于市场上同类产品竞争激烈,售价只能定为90元。在这种情况下,如果以总成本为基础定价,每生产销售一件产品就要亏10元,但如果按变动成本定价,不计固定成本,每生产销售一件产品还可获得30元的边际收益,以补偿固定成本的亏损,减少企业损失,帮助企业继续维持生产,应付竞争。

因此,变动成本定价法是在市场竞争激烈、商品供过于求或追加订货的情况下采用的一种灵活定价方法,有利于企业占领市场、提高产品竞争能力。按变动成本定价的最低界限是产品价格只能高于变动成本,不能等于或低于变动成本;否则,企业就不能获得边际收益,不能补偿固定成本,那企业生产越多,则亏损越大。

(3)目标收益率定价法。目标收益率定价法也称"目标投资效益率定价法"。企业根据总成本和估计的总销售量,确定期望达到的目标收益率,然后推算价格。

设某企业估计自己产品的总销量为2 000个单位,每个单位成本为80元,其全部投资为10万元,确定的目标收益率为20%,则该产品价格计算如下:

$$企业的总收益 = 100\ 000 \times 20\% = 20\ 000(元)$$

$$单位产品的利润 = \frac{20\ 000}{2\ 000} = 10(元)$$

$$产品价格 = 80 + 10 = 90(元)$$

目标收益率定价法计算比较简单,实现一定的销售额后即获得预期的利润。但企业根据销售量倒推价格,而价格又是影响销售量的一个重要因素,销售量的估计也许不太准确,这是运用此种方法定价的一个明显缺陷。

2. 需求导向定价法

产品定价是否合理,最终取决于顾客,而价格是顾客的一种选择。需求导向定价法是指企业主要根据市场需求的大小和顾客对商品价值的认知程度,分别确定商品价格的定价方法。

企业计算在此价格和成本下能否获得满意的利润,如能获得满意的利润,则继续开发这一新产品,否则,就要放弃这一产品概念。

成本导向定价的逻辑关系是:

$$成本 + 税金 + 利润 = 价格$$

而需求导向定价的逻辑关系是:

$$价格 - 税金 - 利润 = 成本$$

（1）认知价值定价法。认知价值定价法即根据顾客对商品价值的理解和需求程度定价，这种方法多用于新产品和声誉较高的企业。

其推算的具体程序是：企业首先发现某一细分市场存在有销售某种产品的机会，决定生产这种产品，把其投放市场。然后根据产品的特色、质量，以及各种促销措施、广告宣传效果等，判断顾客对产品的认知，推定顾客可能接受的价格。

该法如果运用得当，可提高企业或产品的身价，增加企业的收益。但是，这种定价法能否正确地运用，关键是找到比较准确的感受价值，否则，定价过高或过低都会给企业造成损失。如果定价高于顾客所感受的价值，产品就无人问津，企业销售量就会减少；定价低于顾客所感受的价值，又会使企业减少收入。企业根据市场需求与消费者购买力水平和愿意接受的价格定价，有利于提高其产品竞争能力，容易打开销路；有利于促使其提高生产效率，加强管理，降低生产成本。但这种定价方法不易掌握，主要适用于一些名贵商品和紧俏商品。

凯特比勒公司的定价

凯特比勒公司是生产和销售牵引机的一家公司，它的定价方法十分奇特，一般牵引机的价格均在2万美元左右，然而该公司却卖2.4万美元，虽然一台高出4 000美元，却卖得更多！

当顾客上门，询问："为何你公司的牵引机要贵4 000美元"时，该公司的经销人员会给其算以下一笔账：

20 000美元是与竞争者同一型号的机器价格。

3 000美元是产品更耐用多付的价格。

2 000美元是产品可靠性更好多付的价格。

2 000美元是公司服务更佳多付的价格。

1 000美元是保修期更长多付的价格。

28 000美元是上述总和的应付价格。

4 000美元是折扣。

24 000美元是最后价格。

凯特比勒公司的经销人员使目瞪口呆的客户相信，他们要付24 000美元，就能买到价值28 000美元的牵引机，从长远来看，购买这种牵引机的成本比一般牵引机的成本更低。

（2）反向定价法。反向定价法即根据顾客能够接受的最终价格，计算自己从事经营的成本利润后，逆向推算出产品价格，如邯钢的"成本核算管理"。面对入世挑战，邯钢用倒推的方法，先确定钢材价格降低的目标，再重新核定每个环节的成本，以达到降低钢材价格的目的。

3. 竞争导向定价法

竞争导向定价法是以竞争对手的价格作为定价依据的定价方法。企业定价时，主要考虑竞争对手的产品价格，如果竞争对手的价格变了，本企业产品成本与需求量没有发生变化，也要随之改变产品价格；如果竞争对手的价格没有变，本企业产品成本与需求量发生了变化，也不应改变产品价格。竞争导向定价要以提高产品的市场占有率为目的，制定有利于企业获胜的竞争价格。竞争导向定价法在具体运用中，主要有以下几种方法：

（1）随行就市定价法。随行就市定价法即跟随市场价格制定企业价格。其主要形式有两种：一是参考在本行业中占有垄断地位的企业的产品价格定价，可稍高或稍低于垄断价格；二是以本行业的平均价格水平作为企业的定价标准。

随行就市法是最常见的定价方法之一。因为有些商品的成本难以核算，随行就市既省事，又能保证获得合理的收益。同时，按行情定价也易于与其他同行企业和平相处，减少风险。

（2）招标定价法。事先不公开标的价格，而是向社会公开标的内容，广泛宣传、介绍标的的价值和特点，然后在规定的时间内采取招标竞投方式，由投标方出价竞投，最后由招标方以最有利的价格拍板成交。一般而言，卖方总是从中选择出价最高的买方，买方则总是从中选择要价最低的卖方。这种特殊的价格策略，通常运用于重大工程的建设、大型设备的承造、零部件的外购以及珍贵文物、艺术珍品的出售，或倒闭企业的财产拆卖等。企业采用招标定价法，可以集众家之长，补己之短，提高经济效益。招标定价，对同一商品的销售者来说，是买者之间的竞争；对同一购买者来说，又是卖者之间的竞争。因此，企业可以在叫价、喊价、投标、中标的过程中，优中选优，廉中择廉，制定于己最为有利的价格。

6.2 产品定价策略

在激烈的市场竞争中，定价策略是企业争夺市场的重要武器，是企业营销组合策略的重要组成部分。企业必须善于根据环境、产品特点和生命周期的阶段、消费心理和需求特点等因素，正确选择定价策略，争取顺利实现营销目标。

企业在确定与实施定价策略时，必须遵循如下基本原则：第一，必须在国家政策规定的范围内进行，树立全局观念，主动考虑社会总体利益。第二，必须兼顾企业营销的近期目标与远期目标。第三，必须以正当合法的手段进行价格竞争。第四，必须主动考虑顾客的长远利益。

6.2.1 新产品定价策略

新产品定价选用何种策略是一个十分重要的问题,不仅关系到新产品能否占领市场,而且影响到可能出现的竞争者数量。新产品上市时,在消费者大量需求的情况下,市场竞争者往往很少,因而企业定价的自由度比较大;企业可以把新产品价格定得高一些,尽快收回投资;同时,由于对新产品进入市场能否取得成功的把握性不同,于是产生了不同的新产品定价策略。

1. 撇脂定价策略

撇脂定价策略是一种高价策略,是指在新产品投放市场时定高价,争取在短时间内收回投资,并赚取高额利润。这种策略如同从牛奶中提取奶油一样,首先就把牛奶中精华部分取走,故称撇脂定价策略。高价格维持一段时间后,随着竞争者的加入,供应产品的增加,企业再把产品价格降下来。

使用以上策略必须具备以下市场条件:① 产品的质量与高价格相符;② 要有足够多的顾客能接受这种高价并愿意购买;③ 竞争者在短期内很难进入该产品市场;④ 企业的生产能力有限,难以应付市场需求,可以用高价限制市场需求。

> **iPod的成功运用**
>
> 苹果iPod是近几年来最成功的消费类数码产品之一。第一款iPod零售价高达399美元,即使对于美国人来说,也是属于高价位产品,但是有很多"苹果迷"既有钱又愿意花钱,所以纷纷购买;苹果认为还可以"撇到更多的脂",于是不到半年又推出了一款容量更大的iPod,定价499美元,仍然销路很好。苹果的撇脂定价大获成功。

2. 渗透定价策略

与撇脂定价策略相反,渗透定价策略是一种低价策略,即企业把新产品价格定得低一些,以吸引顾客,挤入市场,提高市场占有率。低价能使企业取得最大产品销售量,并且能够限制竞争者的加入。

采取这种策略的市场条件是:① 市场规模较大,存在较大的潜在竞争者;② 产品无明显特色,需求弹性大,低价会刺激需求增长;③ 大批量销售会使成本显著下降,企业总利润增加。这是一种长期价格策略,虽然开始时企业所创利润较低,但从长期来看,企业能够获得较高的利润。这种策略的缺点是:大量的投入资金而回收慢,如果产品不能打开市场,或遇到强大的竞争对手,会产生亏损;低价还会影响产品的品牌形象和企业的声誉。

6.2 产品定价策略

> **2001年的轿车价格战**
>
> 2001年5月，国家放开轿车定价之后，轿车价格战拉开序幕。6月7日，长安铃木在全国范围内调整奥拓系列11款轿车销售价格，降至35 800~52 500元。此后，一直以低价位著称的吉利汽车将其三缸化油器车型由3.99万元降至3.49万元，继续保持同类车低价王的位置，目标直指售价3.91万的夏利7100A小康型轿车。紧跟着夏利狂降1.5万元，捷达宣布优惠3 000元……11月，神龙汽车公司推出9.78万元的1.4升富康车，在桑塔纳、捷达、富康三大品牌中率先把价格降到了10万元——中国轿车一大价格门槛以下。6月8日，"10万元轿车""赛欧"正式上市前就接到了1.6万辆订单，把整个国内轿车市场搅得沸沸扬扬。降价成了2001年中国轿车市场的主旋律。

6.2.2 地理定价策略

地理定价是指企业针对分布在不同地理位置的顾客为其产品定价。一般来说，产品都存在异地销售的问题。为了在价格上灵活反映和处理运输、装卸、仓储、保险等费用的支出问题，需要有几种不同的地理价格。

1. 产地定价

产地定价是以产地价格或出厂价格为标准，运费全部由买方负担。这种定价策略最便利、最单纯，因而它适用于一切企业。但这种定价法有可能失去远方顾客，因为远途顾客必须承担较高的运费。

2. 统一交货定价

统一交货定价是指企业对不同地区的顾客实行统一价格，运费按平均运费计算。这种方法简便易行，并可争取远方顾客，但对近处顾客不利。

3. 区域定价

区域定价即把产品的销售市场划分为两个或两个以上的区域，在每个区域内定一个价格。一般对较远的区域定价高些。

4. 基点定价

基点定价是指企业指定一些城市为基点，按基点到顾客所在地的距离收取运费，而不管货物实际上是从哪里起运的。

5. 免收运费定价

免收运费定价是指企业有时急于同某个顾客或某个地区做成生意，需自己负担部分或全部实际运费，而不向买方收取运费。这样，可通过增加销售额，使平均成本降低而足以补偿运费开支，从而达到市场渗透、在竞争中取胜的目的。

6.2.3 心理定价策略

心理定价策略是企业根据顾客购买商品时的心理动机相应采取的定价策略。其具体又可分为以下几种策略：

1. 尾数定价

根据经济学家的调查证明：价格尾数的微小差别，往往会产生不同的效果。如宁取9.9元不定10元，使人有便宜的感觉。尾数定价还能使消费者产生定价认真的感觉，认为有尾数的价格是经过认真的成本核算，才产生的价格，使消费者对定价产生信任感。尾数定价多用于需求价格弹性大的中低档商品，不适合于名牌高档商品的定价。价格尾数的存在，也会给计价收款增加许多不便。

2. 整数定价

价格不仅是商品的价值符号，也是商品质量的"指示器"。对价格较高的产品，如高档商品、耐用品或礼品，或者是消费者不太了解的商品，则可采取整数定价策略，以迎合消费者"一分价钱一分货""便宜无好货、好货不便宜"的心理，激励消费者购买。例如对古董或艺术品等高档商品，宁标1 000元而不标999元，以提高商品形象。

3. 声望定价

声望定价往往把价格定得较高，这种定价策略适用于两种情况：第一，在消费者心中有声望的名牌企业、名牌商店、名牌商品，即使在市场上有同质同类的商品，用户也会愿意支付较高的价格购买它们的商品，认为高价代表高质量。第二，为了适应某些消费者，特别是高收入阶层的虚荣心理，把某些实际价值不大的商品价格定得很高，如首饰、化妆品和古玩等，定价太低反而卖不出去，但也不能高得离谱，使一些消费者不能接受。

4. 招徕定价

零售商利用部分顾客求廉的心理，特意将某几种商品的价格定得较低以吸引顾客。其目的主要在于希望顾客到商店后连带购买正常价格的商品。某些商店随机推出降价商品，每天、每时都有一至两种商品降价出售，吸引顾客经常来采购廉价商品，同时也选购其他正常价格的商品。有的零售商则利用节假日或换季时机举行"节日大酬宾""换季大减价"等活动，把部分商品降价出售吸引顾客。

6.2 产品定价策略

5. 习惯定价

有些商品的价格是长时间形成的，企业应当按照这种习惯价格定价，不要轻易地改变，这就是习惯定价策略。如果企业的产品要提价，最好不改变原标价，而将单位数量略微减少或质量适当降低，以减少成本，这样做比提高价格更容易为消费者所接受。如果成本价格无法降低，最好是把品牌或包装改变一下再行提价，让顾客以为这是一种经过改进的产品，多付钱是合理的。

休布雷公司的第四种策略

休布雷公司在美国伏特加酒的市场中，属于营销出色的公司，其生产的史密诺夫酒，在伏特加酒的市场占有率达到23%。20世纪60年代，另一家公司推出一种新型伏特加酒，其质量不比史密诺夫酒的低，每瓶价格却比它低1美元。

按照惯例，休布雷公司有三条对策可用：① 降价1美元，以保住市场占有率；② 维护原价，通过增加广告费用和推销支出来与竞争对手竞争；③ 维护原价，听任其市场占有率降低。

不论休布雷公司采取上述哪种策略，似乎都输定了。

但是，该公司的市场营销人员经过深思熟虑后，却采取了对方意想不到的第四种策略。那就是将史密诺夫酒的价格再提高1美元，同时推出一种与竞争对手新伏特加酒价格一样的瑞色加酒和另一种价格更低的波波酒。

这一策略一方面提高了史密诺夫酒的地位，同时使竞争对手的新产品沦为一种普通的品牌。结果，休布雷公司不仅渡过了难关，而且利润大增。实际上，休布雷公司的上述三种产品的味道和成本几乎相同，只是该公司懂得以不同的价格来销售相同产品的策略而已。

6.2.4 组合定价策略

在某种产品成为产品组合中的一部分时，定价就不能仅仅孤立地考虑该产品，而必须与产品组合联系起来考虑。应该追求的不是单一产品获利最大，而是整个产品组合获利最大。

1. 产品线定价策略

当企业产品需求和成本具有内在关联性时，为了充分发挥这种内在关联性的积极效应，可采用产品线定价策略。在定价时，首先确定某种产品价格为最低价格，它在产品线中充当招徕价格，吸引消费者购买产品线中的其他产品；其次，确定产品线中某种产品的价格为最高价格，它在产品线中充当品牌质量象征和收回投资的角色；最后，对于产品线中的其他产品，我们也分别依据其在产品线中的角色不同，而制定不同的价格。如果是由多家生产经营时,则共同协商确定互补品价格。选用互补品定价策略时,**企业应根据市场状况,合理组合互补品价格,使系列产品有利销售,以发挥企业多种产品整体组合效应。**

2. 分级定价策略

分级定价策略是企业将系统产品按等级分为几组,形成相对应的几个档次的价格的策略。其目的是便于顾客按质选择、比较,满足不同类型消费者的需求,从而促进销售。如鞋店可将女鞋(不论颜色、大小、款式)分为200元、100元和50元,消费者即会了解三种不同档次的鞋;又如,某大型服装商场一女装部共有三层,其中:一层为普装部(各种普通面料、款式,价格较低的女装);二层为品牌部(各种知名品牌服装,价格较高);三层为精品女装(国外流行女装,进口面料、特殊材料制作的女装,价格昂贵)。消费者会根据自己的需求预期有目的地选购。这种分级定价策略可以满足不同层次消费者的需求。

3. 单一价格定价策略

企业销售品种较多而成本相差不大的商品时,为了方便顾客挑选和内部管理的需要,应将所销售的全部产品实行单一的价格。如服装店门前公告:本店所有时装一律30元。又如,在市场风靡一时的"十元店""二元店"就是单一价格定价,店内所有的商品无论颜色、大小、款式、档次,价格一律"十元"或"二元"。

4. 选择产品定价策略

企业提供多种价格方案以供顾客选择。各种定价方案制定的目的是鼓励顾客多买商品。如:照相机与胶卷的出售,可以有三种组合方式及其相应的价格供顾客选择:① 只买照相机,每台700元;② 只买胶卷,每卷30元;③ 照相机与胶卷一起买,每套710元。可见,这种组合方式及其定价是鼓励顾客成套购进相关配套商品。

6.2.5 折扣定价策略与技巧

企业为了调动各类中间商和其他顾客购买商品的积极性,对基本价格酌情实行折扣,以鼓励购买者的积极性,或争取顾客长期购买。折扣定价策略通常有以下几种:

1. 现金折扣策略

现金折扣是企业对现金交易的顾客或按约定日期提前以现金支付货款的顾客,给予一定折扣。在分期供货的交易中常采用这种折扣方式,目的在于鼓励顾客提前付款,以加速企业资金周转。现金折扣的大小,一般应比银行存款利息率稍高一些,比贷款利率稍低一些,这样对企业和顾客双方都有好处。例如:顾客必须在30天内付清货款,若在10天内付清,则给予2%的价格折扣;若在20天内付清,则给予1%的价格折扣。

6.2 产品定价策略

2. 数量折扣策略

数量折扣是指按购买数量的多少，分别给予不同的折扣。购买数量越多，折扣越大。鼓励大量购买，或集中购买。数量折扣实质是将大量购买时所节约费用的一部分返回给购买者。数量折扣分为累计折扣和非累计折扣。

（1）累计折扣。累计折扣是指规定顾客在一定时间内，购买商品达到一定数量或金额时，按总量的大小给予不同的折扣。这种折扣可以鼓励顾客经常向本企业购买商品，成为可依赖的长期客户。

（2）非累计折扣。非累计折扣是指规定一次购买商品达到一定数量或购买多种商品达到一定金额，给予折扣优惠。这种折扣不仅能够鼓励顾客大量购买，而且也能节省销售费用。

3. 业务折扣策略

业务折扣又称功能折扣或交易折扣，是生产企业根据多类中间商在市场营销中所负担的不同的功能而给予不同的折扣。实质上是生产企业对商业企业在销售其产品时所支付劳务报酬。如由于中间商承担了本应由生产者负担的运输、储存、宣传等功能，生产企业给予中间商一定的价格折让。这样有利于生产企业与中间商建立融洽的关系。又如：某商品的出厂价格为200元，对批发商、零售商的折扣率分别为10%和5%，这样，给予批发商和零售商的折扣价格分别为180元和190元。同时，因批发商承担了企业规定的产品促销的任务，额外给予10%的折扣。

我国著名的饮料企业汇源集团在我国的饮料行业里起着举足轻重的作用。这不仅因为它有优质的产品、完善的服务，还与它的分销商有很大的联系，它有健全的分销渠道，更注重渠道的管理，激励制度非常完备，特别是业务折扣；按照批发商、零售商在分销中的地位和作用给予相应的折扣率，这样大大激励了中间渠道的能动性和创造性，提高了宣传和销售力度。

4. 季节折扣策略

经营季节性商品的企业，对销售淡季来采购的买主，给予折扣优惠，鼓励中间商及顾客提早购买，减轻企业的仓储压力，加速资金周转，调节淡旺季之间的销售不均衡。这种定价策略主要适用于季节性较强的商品，包括常年生产季节消费或季节生产常年消费的商品。

6.2.6 促销定价策略

在促销定价中，公司在较短的时间里把产品价格定得低于正常价格，有时甚至低于成本。

1. 牺牲品定价策略

牺牲品定价即将某几种商品定低价，以招徕顾客。比如：CD唱片公司将目前流行的几张唱片价格定低，顾客也可能购买其他正常定价的CD唱片。

2. 特别事件定价策略

特别事件定价是利用节假日和换季时机举行大甩卖、酬宾大减价等，来吸引更多的人购买。

3. 限时优惠定价策略

公司为了在一段时间使销售量达到一个较高水平，或者对那些犹豫不决的顾客"最后推一把"，通常采用限时优惠定价。

4. 现金回扣策略

对于从自己经销商那里购买产品的顾客，制造商直接将一定数量的现金返回给他们。这样，制造商可以在不调整经销商价格的基础上，将产品的价格降低，以加速产品销售。

大多数促销定价出现在零售业务中。一种促销定价是给一种产品制定低于成本的价格，零售商希望以此吸引消费者，同时销售其他正常价格的商品。当做出一个促销定价决策时，应该考虑到它的潜在缺陷：一方面，一些消费者很少受促销定价的影响；另一方面，持续不断地使用人为的低价格，可能导致消费者认为这是产品的正常价格。例如，飞机票的折扣如此普遍，以至于极少消费者会愿意支付全价票款。

6.3 产品调价策略

引导案例

"柯达"如何走进日本

柯达公司在20世纪70年代初突然宣布将生产的彩色胶片降价，立刻吸引了众多的消费者，于是挤垮了其他国家的同行企业，柯达公司甚至垄断了彩色胶片市场的90%。到了20世纪80年代中期，日本胶片市场被"富士"垄断，"富士"胶片压倒了"柯达"胶片。对此，柯达公司进行了细心的研究，发现日本人对商品普遍存在重质而不重价的倾向，于是制定高价政策打响牌子，保护名誉，进而实施与"富士"竞争的策略。它们在日本发展了贸易合资企业，专门以高出"富士"$\frac{1}{2}$的价格推销"柯达"

6.3 产品调价策略

胶片。经过5年的努力和竞争,"柯达"终于被日本人接受,走进了日本市场,并成为与"富士"平起平坐的企业,销售额也直线上升。

营销启示:

在企业经营过程中,需要对价格变动的时机和条件进行分析,才能保证价格变动达到预期的营销目标,连知名企业也不例外。当企业的内部环境或外部环境发生变化时,企业必须调整价格,即通常说的"提价"和"降价"。

6.3.1 提高价格策略

提高产品价格会引起顾客、经销商甚至企业销售人员的不满,但成功的提价也会为企业带来可观的利润。当企业面临以下情况时必须考虑提价:① 在市场供不应求,企业无法满足顾客对其产品的全部需求时,只有提高价格以平衡供求,增加收入;② 在通货膨胀物价上涨,使企业成本费用上升时,必须提高产品价格以平衡收支,保证盈利;③ 提价可改善和提高产品形象等。

为了减少交易风险,企业可采取如下应变措施:① 限时报价,即所报的价格只在限定时间内有效(如一周内或三天内);② 在交易合同中写明随时调价的条款;③ 分别处理产品与服务的各项价目,如将原来与产品整体一起定价的附加服务分解出来,另行定价;④ 减少现金折扣和数量折扣,或提高订货起批点;⑤ 扩大高利的产品市场,压缩低利的产品市场等。

企业在提价时,应注意通过各种传播媒介沟通信息,向买方说明情况,争取买方的理解,并帮助买方解决因提价而产生的一些问题。

但是,如果是竞争者的产品提价,一般不会对企业造成严重威胁,对此,企业要采取两种策略:一是保持价格不变,从而扩大自己的市场份额;二是适当提价,但提价幅度低于竞争者的提价幅度,这样,既可以适当增加利润,又能在市场竞争中占据有利地位。

6.3.2 降低价格策略

降价往往会造成同业者的不满,引发价格竞争,但在某些情况下,仍需降价:① 企业生产能力过剩,产品积压,虽运用各种营销手段(如改进产品、努力促销等),仍难以打开销路;② 面临着激烈的价格竞争,企业市场占有率下降,为了击败竞争者,扩大市场份额,必须降价;③ 企业的产品成本比竞争者的低,但产品销路不好,需要通过降价来提高市场占有率,同时使成本由于销量和产量的增加而进一步降低,形成良性循环。

一般来说，竞争者降价总是经过充分准备的，而企业一般事先毫无准备，面对竞争对手降价，往往难以做出适当的抉择。所以，对企业来说，竞争者降价是最难应付的情况。根据西方企业的经验，企业面对竞争者降价，有以下策略可供选择：一是维持原价不变；二是维持原价，同时改进产品质量或增加服务项目，加强广告宣传等；三是降价，同时努力保持产品质量和服务水平稳定不变；四是提价，同时推出某些新品牌，以围攻竞争对手；五是推出更廉价的产品进行反击。

本章小结

营销定价既是一门科学，也是一门艺术。定价的艺术主要表现在定价策略技巧上。企业营销商品定价策略的核心是以消费者需求心理为定价的基础依据，它不排除成本要素，只不过是在补偿成本费用基础上，按不同需求心理确定最终的价格水平及变化幅度。

课后练习

一、主要概念

需求弹性、成本导向定价法、需求导向定价法、竞争导向定价法、撇脂定价、渗透定价。

二、判断题

1. 价格受企业营销环境条件的制约。　　　　　　　　　　　　　　（　　）
2. 采取适当利润定价的商品必须是畅销产品。　　　　　　　　　　（　　）
3. 单位固定成本随产量的增减不发生变化。　　　　　　　　　　　（　　）
4. 当需求价格弹性大时，应通过提高价格来增加企业的利润。　　　（　　）
5. 当需求价格弹性小时，应通过薄利多销来增加盈利。　　　　　　（　　）
6. 如果营销产品组合比较复杂，则不适合采用成本加成定价法。　　（　　）
7. 实施目标利润定价法的前提是产品的市场潜力很大，需求价格弹性也很大。
　　　　　　　　　　　　　　　　　　　　　　　　　　　　　　（　　）
8. 撇脂定价策略是一种低价格策略，一种长期的价格策略。　　　　（　　）
9. 渗透定价策略是一种高价格策略，一种短期的价格策略。　　　　（　　）
10. 尾数定价策略适用于各种商品。　　　　　　　　　　　　　　　（　　）

三、单项选择题

1. 在新产品刚进入市场阶段，采用的定价目标是（　　）。
　　A．获取利润　　　B．扩大销售　　　C．市场占有　　　D．应对竞争

6.3 产品调价策略

2. 对于资金雄厚、有特殊技术或产品品质优良或能为消费者提供较多服务的企业，宜采用以下（　　）竞争行定价方法。
   A. 高于竞争者价格　　　　　　　　B. 于竞争者价格相同
   C. 略低于竞争者价格　　　　　　　D. 把价格定得很低

3. 以下商品需求收入弹性比较小的是（　　）。
   A. 耐用消费品　　B. 生活必需品　　C. 娱乐　　D. 高档食品

4. 需求弹性系数（　　）时，价格变动对销售收入的影响不大。
   A. $E>1$　　　B. $E=1$　　　C. $E<1$　　　D. $E=0$

5. 对于需求价格弹性较大的商品，以下（　　）项表述是错误的。
   A. 需求量的相应变动大于价格自身变动
   B. 不适宜采取薄利多销来增加盈利
   C. 提价务必谨慎
   D. 又称为富于弹性的需求

6. 对于需求价格弹性较小的商品，以下（　　）项表述是错误的。
   A. 价格变动对销售收入影响不大　　B. 定价宜定在较高水平
   C. 价格变动对需求量影响不大　　　D. 又称为缺乏弹性的需求

7. （　　）状况下企业只是市场价格的接受者。
   A. 完全竞争　　B. 垄断性竞争　　C. 寡头竞争　　D. 纯粹垄断

8. （　　）不属于需求导向定价法。
   A. 习惯定价法　　　　　　　　　　B. 可销价格倒推法
   C. 认知价值定价法　　　　　　　　D. 通行价格定价法

9. 以下关于撇脂价格策略的描述，（　　）是错误的。
   A. 是一种新产品价格策略
   B. 是一种高价格策略
   C. 是一种长期价格策略
   D. 适用于具有独特技术，有专利保护的产品

10. 以下关于渗透价格策略的描述，（　　）是错误的。
    A. 是一种新产品价格策略
    B. 是一种低价策略
    C. 是一种短期价格策略
    D. 适用于能尽快批量生产，特点不突出的产品

四、复习思考题

1. 企业定价的基础依据是什么？
2. 企业采用撇脂定价和渗透定价策略时应考虑的市场条件各是什么？
3. 企业在采用提价和降价策略时应注意的问题是什么？

五、案例分析题

案例1：

动感地带定价案例

中国移动通信继"全球通""神州行"后，2002年3月在针对用户市场进行科学细分的基础上，以扩大用户基数为目的，正式推出针对年轻群体的客户品牌"动感地带（M-ZONE）"。M-ZONE灵活创新的定价模式，在有效地吸引价格敏感的目标群体的同时，提高了运营商的获利能力。根据消费者类型细分业务和定价，动感地带首创"短信批发"业务，针对不同细分群体，量身定做了"学生套餐""娱乐套餐"和"时尚套餐"和"情侣套餐"，成功细分出价格敏感度高、短信使用量大的目标市场。其中每种套餐除了基本业务功能外，还包含有4种或6种可选功能。相应地，动感地带在定价策略方面也充分利用了细分定价的原则，对不同的套餐、不同的群体，设计了不一样的资费标准：

套餐类型	每月基本资费/元	套餐基本结构	基本通话费（漫游状态）/元	特色计划
学生套餐	20	200条网内短信+20分钟本地通话	0.6	熄灯计划
娱乐套餐	20	300条网内短信	0.8	GPRS计划
时尚套餐	30	200条网内短信+60分钟本地通话	0.8	工作漫游计划
情侣套餐	30	300条网内短信+时段免费互通（晚8点至早8点）	0.8	分时段免费通话

问题：

（1）动感地带采用什么定价策略？

（2）为什么采用这种定价策略？

第七章 渠道策略

教学目的要求：
1. 能掌握分销渠道的概念。
2. 能理解分销渠道的作用。
3. 能理解分销渠道的流程。
4. 能理解不同分销渠道的区别。
5. 能掌握中间商的概念。
6. 能理解不同中间商的区别。
7. 能掌握分销渠道的基本策略。
8. 能掌握分销渠道的管理。

教学重点难点：
1. 分销渠道、中间商概念。
2. 分销渠道的基本策略。
3. 分销渠道的管理。
4. 影响分销渠道选择的因素。

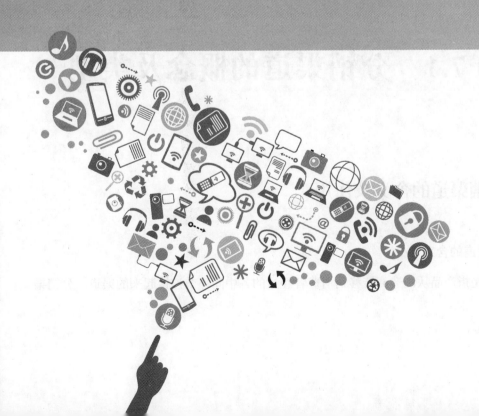

第七章 渠道策略

引导案例

渠道为王、渠道制胜

四川长虹建工厂时选择在绵阳，这其实是违反了经济学的基本规律的。经济学的基本规律是工厂要么靠近原材料基地，要么靠近市场。可是绵阳离成都有上百公里[①]的路，所谓"蜀道难，难于上青天"。这种情况下，长虹要从珠江三角洲千里迢迢地把物料运到绵阳，或者把北京、咸阳的彩色显像管运到绵阳，组装后再千里迢迢运往全国去销售。长虹彩电要快速地进入流通领域，一开始就存在着障碍。

怎样打通流通渠道是长虹面临的最大问题。倪润峰不愧是中国最优秀的企业家，他能看透企业经营中的要害是什么，并且能利用金融市场这个杠杆搞承兑。

什么叫承兑呢？比如长虹把10亿元的产品给"郑百文"，"郑百文"不需要马上把钱给长虹，"郑百文"可以通过银行搞承兑，等产品都卖完了，半年内把钱还给银行，银行再把钱给长虹。但长虹并不把钱拿来直接投入再生产，而是借给中介机构，如证券业。通过这种方式，半年承兑就可以产生9个扣点，承兑如果延续12个月，可以产生18个扣点。长虹的生产成本较低，加上这种承兑方式，给经销商的扣点远远超过了当时的康佳等厂商，因此吸引了很多经销商的注意。

营销启示：

谁打通了流通渠道谁就有未来，企业必须牢牢抓住这根企业与市场联系的纽带。

7.1 分销渠道的概念及类型

7.1.1 分销渠道的含义及作用

1. 分销渠道的含义

分销渠道是指产品从制造商转移到消费者经过的各中间环节连接起来的渠道。分销渠

[①] 1公里=1千米。

7.1 分销渠道的概念及类型

道的起点是制造商,终点是消费者。中间环节包括各种批发商、零售商、商业服务机构等中间商。

2. 分销渠道的作用

(1)分销渠道是企业了解和掌握市场需要信息的重要渠道。

(2)分销渠道是解决制造商和消费者之间矛盾的有效途径。如制造商与消费者往往在空间、时间、所有权、数量、结构等方面存在矛盾,这些矛盾需要靠分销渠道来解决。

(3)分销渠道是企业合理经营和提高经济效益的重要手段。

7.1.2 分销渠道的类型及其发展趋势

1. 分销渠道的类型

(1)分销渠道按是否有中间商参与,可分为直接渠道和间接渠道。

① 直接渠道,也称为零层渠道、两站式渠道或直销渠道。制造商不通过任何中间商而直接将产品销售给消费者或用户。这种情况下分销渠道主要用于生产者市场的产品销售,如大型设备、专用工具及技术结构复杂需要提供专门服务的产品。直接销售的方式主要有:上门推销、家庭展示、邮寄销售、电视直销、网络直销和制造商自设商店等。

② 间接渠道,指制造商通过一个或一个以上中间商将产品销售给消费者或用户。这种分销渠道主要用于消费者市场的产品销售。间接销售的方式主要有:通过代理商、批发商、零售商等将产品销售给消费者或用户。

直接渠道与间接渠道的区别如表7-1所示。

表7-1 直接渠道与间接渠道的区别

渠道类型	中间商	产销关系	市场类型	适用产品
直接渠道	无	产销合一	生产者市场	生产资料和大宗原材料易变质的产品、时尚产品和高档消费品
间接渠道	有	产销分离	消费者市场	生产量大、销售面广、顾客分散的产品

(2)分销渠道按层次或环节多少,可分为短渠道和长渠道。

① 短渠道是指制造商只通过一个中间环节(一层中间商)将产品销售给消费者或用户。

② 长渠道是指制造商通过一个以上中间环节(一层以上中间商)将产品销售给消费者或用户。

第七章 渠道策略

> **案例：乐华变局**
>
> 2002年，乐华彻底改造固有的销售渠道，重组并撤了旗下30多家分公司以及办事处，全面推行代理制。同时乐华对代理商也提出了较为严格的要求："必须现款现货。"据估算，一台彩电由工厂到分公司到批发商再到零售商，至少需要经过四个环节，如果每个环节消耗3%的利润，渠道上已经耗掉12%的利润，庞大的销售队伍和多层次的销售渠道，透支了彩电业最大一块利润空间。乐华的做法却隐藏了一定的风险。乐华产品多以中低端电视为主，销售旺地多在二三级城市市场。乐华一鼓作气砍掉各地分公司，这种疾风骤雨似的变革，犹如活生生地剁下了自己遍布销售终端的触角。并且，"必须现款现货"这种方式很难被商家接受。几个月下来，乐华彩电不仅销售收入锐减，还引发了劳资纠纷、债务危机等一系列连锁反应。

划分短、长渠道有利于营销人员在考虑分销渠道的影响因素时对中间环节做出取舍，宜短则短，宜长则长。分销渠道模式如图7-1所示。

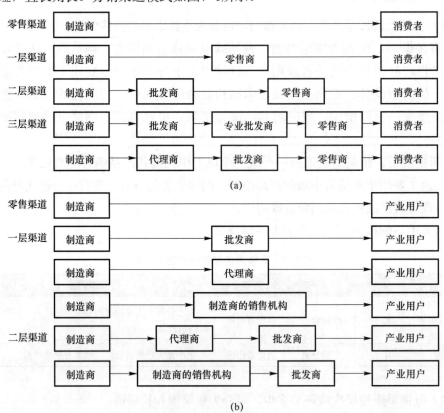

图7-1　分销渠道模式
（a）消费品市场的分销渠道；（b）产业市场的分销渠道

（3）分销渠道按每个层次的同类中间商多少，可分为宽渠道和窄渠道。

① 宽渠道，指制造商同时选择两个或两个以上的同类中间商销售产品。如一般的日用品消费品（毛巾、牙刷）等，由多家批发商经销，又转卖给更多的零售商，能大量接触消费者，大批量地销售产品。

② 窄渠道，指制造商在某一地区或某一产品门类中只选择一个中间商为自己销售产品，也叫独家分销。

宽渠道与窄渠道的区别如表7-2所示。

表7-2　宽渠道与窄渠道的区别

渠道类型	中间商	产销关系	市场类型	适用产品
宽渠道	较多	广泛	消费者市场	生产量大、销售面广、顾客分散的产品
窄渠道	较少	狭窄	生产者市场	生产资料和大宗原材料易变质的产品、专业产品和贵重消费品

2. 分销渠道类型的发展趋势

（1）由较长的渠道网络向扁平化、垂直化的渠道网络转化。

（2）分销渠道的纵向联合。

① 从简单的契约型发展成管理型、合作型、公司型。

② 特约经销、批发代理、连锁或特许加盟、专卖连锁。

③ 厂商合作伙伴由松散型向紧密型转化。

（3）分销渠道的横向联合。

① 松散型联合：以经济利益为纽带的联合经营商品的实体。

② 固定型联合：更注重行政管理的联合经营商品的实体。

（4）产销一体化渠道：自建营销系统、联合分销。

（5）网络科技与传统渠道相结合的网络渠道。

7.2　分销渠道的中间商

引导案例

一笔盈利账

假如一位于营口的自动洗衣机生产企业在大连开设一个门市部，每月可销售全

第七章 渠道策略

> 自动洗衣机200台，这种洗衣机的生产成本为每台800元，由营口运往大连的运费为每台50元，总成本为850元，在大连的零售价为每台1 100元，每台盈利250元，每月盈利50 000元。如果这个门市部的每月房租为30 000元，工作人员的工资和其他费用10 000元，则每月净盈利10 000元。假如在大连找三家特约经销商，它们在大连每月可销售全自动洗衣机300台，厂家给特约经销商的批发价为每台910元（包括运费），每台盈利60元，这样，厂家每月盈利18 000元。
>
> **营销启示：**
> 一笔简单的盈利账，导出企业营销渠道中中间商的作用。

7.2.1 中间商的概念

分销渠道决策一向是所有市场营销决策中最困难、最富有挑战性的决策之一。这是因为，分销决策是众多决策营销组合中最需要其他部门和组织配合才能有效实施和完成的决策。而且分销渠道一旦确定，要改变它将十分困难。所以，对许多行业和企业来说，分销渠道常常是非常谨慎的，而分销决策所要解决的首要问题是选好中间商。中间商是在流通领域内专门从事交换活动的经济组织，是连接生产与消费的主要桥梁，也是构成营销渠道的主要成员。中间商是社会分工和商品经济发展的产物，它的存在对社会生产和消费起着不可或缺的作用。

中间商是指介于制造商和消费者之间，专门从事商品由生产领域向消费领域转移业务的经济组织或个人。

中间商主要有以下作用：

（1）能有效减少商品交易次数，提高分销渠道工作效率。

（2）能有效节省制造商的人力耗费，降低交易成本，提高经济效益（图7-2）。

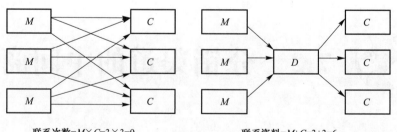

图7-2 使用中间商的经济效果图

7.2.2 中间商的分类

1. 按是否拥有商品所有权划分

中间商按是否拥有商品所有权,可分为经销商和代理商。

(1)经销商。它是指从事商品交易业务,在商品交易过程中拥有商品所有权的中间商,如批发商、零售商。经销商承担经销风险,收益来源于购销差价。

(2)代理商。它是指接受制造商委托从事商品销售业务,但不拥有商品所有权的中间商,如产品经纪人、制造代理商、销售代理商等。代理商一般不承担经营风险,收益来源于从委托方获得佣金或按销售收入的一定比例提成。

2. 按在商品流通中的作用划分

中间商按在商品流通中的作用,可分为批发商和零售商。

(1)批发商。它是指自己组织进货,取得商品所有权后再批量发售的经济组织或个人,如制造商自设的批发销售公司、中间商自设的批发销售公司。

(2)零售商。它是指自己组织进货,取得商品所有权后再直接销售给最终消费者,用于消费者个人或家庭消费的经济组织或个人,如百货商店、超级市场、专卖店等。零售商分为无门市零售商和有门市零售商。

① 无门市零售商。无门市零售商有以下几种形式:

a. 直复营销:以营利为目的,通过个性化的沟通媒介或沟通方式向目标市场成员发布产品信息,以寻求对方直接回应(问询或订购)的营销过程。它包括网络营销、数据库营销、直邮营销、电话营销和电视营销。

b. 自动售货:使用硬币控制的机器自动售货。

c. 访问推销:推销售货员携带商品或样品到消费者工作单位或家庭进行商品销售。

② 有门市零售商。有门市零售商有8种形式,如表7-3所示。

表7-3 有门市零售商的8种形式

业态	定义	规模	商品结构	服务功能
百货店	在一个大建筑物内,根据不同商品部门设销售区,开展进货、管理、运营,满足顾客对时尚商品多样化选择需求的零售业态	规模大,营业面积在5 000平方米以上	以经营男、女及儿童服装、服饰、衣料、家庭用品为主,种类齐全,少批量,高毛利	服务功能齐全

续表

业态	定义	规模	商品结构	服务功能
超级市场	采取自选销售方式，以销售食品、生鲜食品、副食品和生活用品为主，满足顾客每日生活需求的零售业态	营业面积在1 000平方米左右	以购买频率高的商品为主	营业时间每天不低于11小时
大型综合超市	采取自选销售方式，以销售大众化实用品为主，满足顾客一次性购足需求的零售业态	营业面积2 500平方米以上	衣、食、用品齐全，重视本企业的品牌开发	设有一定面积的停车场
仓储式超市	以经营生活资料为主的，储销一体、低价销售、提供服务的零售业态（其中有的采取会员制形式，只为会员服务）	营业面积大，一般为10 000平方米左右	主要以食品（有一部分生鲜商品）、家庭用品、体育用品、服装衣料、文具、家用电器、汽车用品、室内用品等为主	设有较大规模的停车场
便利店	以满足顾客便利性需求为主要目的的零售业态	营业面积在100平方米左右，营业面积利用率高	以速成食品、饮料、小百货为主，有小容量、应急性等特点	营业时间长，提供24小时服务，终年无休日
专业店	经营某一大类商品，或以某一特定对象为主，并且有丰富专业知识的销售人员和适当的售后服务，满足消费者对某大类商品的选择需求的零售业态	营业面积根据主营商品特点而定	体现专业性、尝试性，品种丰富，选择余地大	从业人员具有丰富的专业知识
专卖店	专门经营或授权经营制造商品牌，适应消费者对品牌选择需求和中间商品牌的零售业态	营业面积根据经营商品的特点而定	以著名品牌为主	注重品牌名声，从业人员必须具备丰富的专业知识，并提供专业知识性服务
购物中心	指企业有计划地开发、拥有、管理营运的各类零售业态、服务设施的集合体	内部结构由百货店或超级市场作为核心店，与各类专业店、专卖店、快餐店等组合构成	非常广泛的日用消费品，饮食品，文化、娱乐、体育、服务用品等	服务功能齐全，集零售、餐饮、娱乐为一体，根据销售面积设有相应规模的停车场

7.3 分销渠道选择策略

引导案例

娃哈哈的最后一公里

怎样完成"最后一公里"的销售？娃哈哈的体会是：利益的有序分配，让经销商有利可图，只有双赢，他才会帮你用力吆喝。

就饮料、家电等产品而言，一般有3~4个环节之间的利益分配。高价的产品如果没有诱人的价差分配，也无法引起经销商的积极性，而低价产品如果价差控制得当，仍然可以薄利多销而为经销商带来利润。有序地分配各级经销层次的利益空间，不但是生产商的责任，更是其控制市场的关键所在。

娃哈哈认为，生产商推出任何一项促销活动或政策，首先应该考虑的便是设计一套层次分明、分配合理的价差体系。当今很多企业在营销中，喜欢以低价轰炸市场，认为只要价格比别人低，肯定卖得就比别人的火。其实未必。因为没有考虑价差的低价，无疑让经销商无利可图，他不给你用力吆喝，不把你的产品摆在柜台上，买卖交易的"最后一公里"仍然无法到达。

营销启示：

"最后一公里"看似不远，但如果不重视分销渠道中经销商的价差分配，他是不会帮你用力吆喝的。

7.3.1 影响分销渠道选择的因素

1. 商品因素

（1）商品的耐腐性。易腐商品一般选择较短分销渠道，如鲜活商品。耐腐商品应该由生产者直销，直送零售商。

（2）商品的技术性。技术性高的商品一般选择短而窄的分销渠道，如大型机电设备。技术性低的商品可根据实际情况选择合适的分销渠道。

（3）商品的体积重量。体积大、笨重的商品一般选择较短分销渠道，如建筑材料。体积小、轻便的商品可根据实际情况选择间接分销渠道。

（4）商品的单位价格。单位价格高的商品一般选择较短、较窄的分销渠道，最好由生产者直销，如珠宝、汽车等。商品单位价格低的一般选择较长、较宽的分销渠道，如日用消费品等。

（5）商品的生命周期。生命周期长的商品一般选择较长的分销渠道，如日用消费品等。生命周期短的商品一般选择较短的分销渠道，如时装等。

2. 市场因素

（1）市场范围。商品销售范围大，一般选择较长、较宽的分销渠道，如日用消费品。商品销售范围小，一般选择较短、较窄的分销渠道。

（2）顾客的地理分布。顾客分散一般选择较长的分销渠道，如消费品中的便利品。顾客集中一般选择较短的分销渠道。

（3）顾客的购买习惯。顾客购买频率高，希望随时随地都能买到的商品，一般选择较长、较宽的分销渠道，如生活必需品。顾客购买频率低，要仔细挑选的商品，一般选择较短、较窄的分销渠道，如耐用消费品。

（4）竞争者的分销渠道。制造商选择分销渠道要考虑竞争者所使用的渠道：有的制造商希望选择与竞争者相同或相近的分销渠道与竞争者抗衡，如在其销售点附近增设自己的销售点，或将自己的产品与对手的产品放在同一中间商处销售。有时，竞争者所使用的分销渠道又成为一些制造商所应避免使用的分销渠道，如日本企业向美国推出电子表时，不是选择钟表经销商，而是向食品、药品连锁超市、仓储或商场铺货，很快打开市场。

3. 制造商因素

（1）生产集中度。产品生产在时间或地理上比较集中，而消费分散的商品，或生产分散消费集中的产品，必须有中间环节；生产和消费都集中的产品，则可减少或不要中间环节。

（2）产品组合情况。产品线的长度和深度也影响分销渠道的选择。一般地讲，产品线长而深的产品，适合用宽而短的渠道；若产品品种较单一，难以适应零售商和顾客的需要，企业就应当借助批发商进行分销。营销渠道也就相应拉长。

（3）生产者本身的规模、能力、商誉。本身规模大、资金实力强，销售能力、储存能力都不错的企业，则可以选择直接分销渠道；反之，则必须借助中间商。

4. 中间商因素

（1）各种中间商所具备的功能不一样。假如某产品计划进入新市场需要做大量广告，制造商往往会考虑选择能更好地提供这方面服务的代理商而不是批发商。如果制造商需要的是更多的储运服务，则选择批发商较合适。

（2）态度要求。批发商鉴于某些原因不愿经销外地产品或提出过多过高的要求，制造商往往就要考虑直接进入零售市场甚至直销。

（3）经销费用。选择不同渠道往往是综合考虑经销费用的结果。因为各类中间商的经销费用的高低，是渠道决策中的重要影响因素。

（4）经营规模。如果某一地区，大型零售商多，进货批量大，与制造商的产量相匹配，在这种情况下，制造商就可以直接销售给零售商，不需要批发商，于是分销渠道较短；相反，涉及零售商数目多，通过批发商的长渠道才能达到较好的分销效益。

7.3.2 分销渠道的基本策略

1. 直接销售与间接销售的选择

大多数生产资料产品技术复杂，价格高，需要安装和经常的维修服务，用户对产品规格、配套、技术性能有严格要求，交易谈判需较长的时间；有的原材料购买量很大，购买次数少，用户数量有限，宜采用直接销售。生产用品中一些容易变质的产品、时尚产品，以及价格昂贵的高档消费品，也可采用直接销售。除此之外，大多数生活资料以及一部分应用面广、购买量小的生产资料，宜采用间接销售。

2. 分销渠道长度的选择

所谓分销渠道的长度，是指产品从生产者到最终用户所经历的环节的多少，也就是渠道层次的多少。

分销渠道越短，制造商承担的销售任务就越多，信息传递越快，销售越及时，就越能有效地控制渠道。分销渠道越长，中间商就越要承担大部分销售渠道职能，信息传递越慢，流通时间越长，制造商对渠道的控制就越弱。制造商在决策分销渠道长短时应综合分析其产品、中间商、自身及竞争者的特点，然后加以确定。

3. 分销渠道宽度的选择

分销渠道的宽度是指分销渠道中的不同层次使用中间商数目的多少。

（1）广泛分销策略。广泛分销策略也叫密集分销策略，是指制造商广泛利用大量的中间商销售自己的产品。该策略通常用于日用消费品和工业品中标准化、通用化程度较高的产品（如小件工具、标准件等）的分销。这种策略的优点是产品与顾客接触机会多、广告的效果大，缺点是制造商基本上无法控制这类渠道，与中间商的关系也较松散。

（2）独家分销策略。独家分销策略指制造商在一定的市场区域内仅选用一家经验丰富、信誉好的中间商销售本企业的产品。这种策略主要适用于顾客挑选水平很高、十分重视品牌商标的特殊品，以及需要现场操作表演和介绍使用方法的机械产品。这种策略的优点是：易于控制市场的营销价格；只有一家专营中间商与制造者签订协议，所以可以提高中间商的积极性和销售效率，更好地服务于市场，有利于产销双方较好地互相支持和合作。其缺点是限制了渠道的辐射力和市场覆盖面。对制造商来说风险也较大，若市场发生变化，制造商就有可能因丧失某个地区的市场而受损失。

（3）选择性分销策略。选择性分销策略是指制造商从愿意合作的中间商中选择一些条件较好的中间商去销售本企业的产品，也称精选分销策略，是介于广泛分销和独家分销之间的一种策略。它兼具两种策略的优点，又减少了这两种策略的缺点，故而得到广泛的应用。该策略适合大多数产品，尤其适用于顾客需要在价格、质量、花色、款式等方面精心比较和挑选后才决定购买的产品。

7.4 分销渠道管理策略

引 导 案 例

春兰集团对分销渠道的管理

江苏春兰集团实行的"受控代理制"是一种全新的厂商合作方法。代理商要进货，必须提前将货款以入股的方式交给春兰集团，然后提走货物。这一高明的营销战术，有效地稳定了销售网络，加快了资金周转，提高了销售效率。当一些同行被"互相拖欠"搞得筋疲力尽的时候，春兰集团却没有一分钱应收账款。

营销启示：

春兰集团用于维系经销商的并非单纯是金钱，更重要的是质量、价格与服务。正是这些措施维系了春兰集团与经销商之间的合作关系，同时也使春兰集团的产品的市场占有率在同行业中遥遥领先。

7.4.1 选择渠道成员策略

（1）中间商的地理位置：选择地理位置便利、接近目标市场的中间商作为渠道成员。

(2)中间商的形象：中间商良好的形象能够给产品提供质量可靠的保证，在消费者心目中也是信誉好的代表。

(3)中间商的经济实力：经济实力强的中间商有足够的能力购进货物并能及时返款，加速制造商资金周转。

(4)中间商的合作意愿：只有愿意合作的中间商才会尽力推销制造商的产品。

(5)中间商的经营管理水平：经营管理水平的高低决定了中间商的人员素质、服务能力、储存、运输设备条件，直接影响产品推销能力。

以上是企业对渠道成员选择时应考虑的五个条件。只有正确选择渠道中的成员，才能保证企业分销渠道顺畅。

7.4.2 评估渠道成员

生产者除了选择和激励渠道成员，还必须定期评估它们的绩效。如果某一渠道成员的绩效过分低于既定标准，则需要找出主要原因，同时还应考虑可能的补救方法。放弃或更换中间商会导致更坏的结果时，制造商应要求成绩或表现欠佳的中间商，在一定时期内有所改进，否则就要取消它的资格。

测量中间商的绩效，主要有两种方法。

(1)将每一中间商的销售绩效，与上期绩效比较，并以整个群体的升降百分比为评价标准。对低于平均水平的中间商，要加以客观评价与分析，如因当地经济衰退、某些顾客不可避免地失去、主力推销员的丧失或退休等。其中某些因素可在下一期弥补过来。制造商不应因这些因素而对经销商采取惩罚措施。

(2)将各中间商的绩效，与该地基于销售潜量分析设立的配额比较。即在销售期过后，根据中间商的实际销售额与其潜在销售额的比率，将各中间商按先后名次进行排列。这样，企业的评估与激励措施可集中用于那些未达既定比率的中间商。

7.4.3 激励渠道成员

制造商不仅要选择中间商，而且要经常激励中间商，使之尽职。因为制造商不仅通过中间商销售产品，而且把产品销售给中间商。这就使得激励中间商的工作不仅十分必要，而且非常复杂。

(1)激励的首要原则是站在别人的立场，设身处地为别人着想，而不应只从自己的观点出发看问题。

(2)必须避免激励过分与激励不足。当制造商给中间商的优惠超过它取得合作所需提供的条件时,就会出现激励过分的情况。其结果是销售量提高,而利润下降。当给予中间商的条件过于苛刻,以至于不能激励中间商努力时,会出现激励不足的情况,其结果是销售量降低,利润减少。

所以,制造商必须确定应该花费多少力量以及花费何种力量鼓励中间商。一般来讲,对中间商的基本激励水平,应以交易关系组合为基础。如果对中间商仍激励不足,制造商可采取两条措施:

第一,提高中间商可得的毛利率,放宽信用条件,或改变交易关系组合,使之更有利于中间商。

第二,采取人为的方法刺激中间商,使之付出更大努力。

7.4.4 协调渠道成员之间的关系和矛盾

由于渠道成员在经营上和利益上是相对独立的,所以他们相互之间有时存在利益冲突和竞争。制造商要协调其间的矛盾。如当中间商相互之间产生价格、销售区域等竞争矛盾时,制造商应采取有效措施加以协调,如对恶意降价、跨区域窜货的中间商,应按合同规定给予惩罚,直至取消经销资格。制造商要把中间商当作自己的顾客,了解中间商的意愿、需求和利益所在,如为中间商提供管理、培训人员、参与经营策划等,努力满足中间商的需求。只有这样,才能使分销渠道畅通有效。

7.4.5 分销渠道调整策略

1. 增减中间商策略

制造商在做出增减中间商的决定时,需要做具体分析。如:增加或减少某个中间商,将会对公司的利润带来何种影响。一般来说,制造商如果决定在某销售区域增加一家批发商,不仅要考虑这样做将有多大的直接收益(如销售量的增加额),而且要考虑对其他批发商的销售量、成本与情绪会带来什么影响。

2. 增减某一分销渠道策略

当制造商在某目标市场通过增减个别中间商也不能解决根本问题时,就要采取增减某一分销渠道策略,否则就会有影响这一目标市场的危险。例如:某化妆品公司发现其经销商只重视成人市场而忽视儿童市场,这引起了儿童护肤品销路不畅。为了加强化妆品市场开发,该公司可能需要增加一条新的分销渠道。

7.4 分销渠道管理策略

3. 调整整个分销渠道策略

对以往的分销渠道做通盘调整是难度最大的,因为是要改变制造商的整个渠道策略,而不是在原有基础上修修补补,如汽车制造厂放弃原来的直销模式,而改为采用通过代理商推销的方式。分销渠道的通盘调整,不仅会改变渠道,而且会带来其他营销组合策略的一系列变动。因此,这类调整通常由最高管理层来决策。

上述调整方法,前一种属于结构调整,它立足于增加或减少原有分销渠道的某些中间层次。后两种属于功能性调整,它立足于将一条或多条渠道的分销工作在渠道成员中重新分配。制造商的分销渠道是否调整,调整到什么程度,取决于分销渠道的整体分销效率。如果矛盾突出且无法协商解决,一般就应当进行调整。

4. 解决商品窜货问题

所谓窜货,也称冲货、倒货,指产品的越区销售。
(1) 减少分销网的层数。
(2) 合理分布大分销商的地盘。
(3) 制定可以执行的合理价格策略、激励政策及奖惩措施。
(4) 外包装区域差异化。
(5) 完善渠道管理和考核队伍。

本章小结

分销渠道是指产品从制造商转移至消费者所经过的各中间商环节的总称。分销渠道的设计是企业根据自己确立的目标市场、产品定位、营销策略,以自己特定的渠道目标为方向,对营销渠道进行规划。其中,中间商是企业必须十分关注的对象。企业在选择中间商时一定要本着需求的原则,认真考虑影响分销渠道选择的因素。为企业正确设计出符合其经营目标的分销渠道。

课后练习

一、主要概念

分销渠道、中间商、广泛分销策略、选择性分销策略、独家分销策略。

二、判断题

1. 对于与人民生活密切相关的产品,企业在选择销售渠道时,宜采用宽渠道。(   )
2. 企业的营销渠道越长越好。(   )
3. 经销商对所销售的商品拥有所有权。(   )

4. 劳力士手表适宜采用独家分销形式。（　　）
5. 产品是影响渠道结构的唯一因素。（　　）
6. 选购品适宜采用广泛分销形式。（　　）
7. 分销渠道的中间环节就是中间商。（　　）
8. 零售商与批发商的主要区别在于最终服务对象的不同。（　　）
9. 零售店的销售对象包括城乡居民、社会集团单位以及转售者。（　　）
10. 代理商就是先垫付资本，购进商品所有权，然后再出售这些商品的商业企业。（　　）
11. 批发商在当今的流通领域已经不起作用。（　　）
12. 某商店将毛巾出售给宾馆客房部门，此业务属于零售业务。（　　）

三、单项选择题

1. 大型生产设备的分销应采用（　　）。
   A. 零级渠道　　B. 一级渠道　　C. 二级渠道　　D. 三级渠道
2. 某个目标市场上，电梯这种产品适合采用（　　）策略。
   A. 广泛分销　　B. 选择性分销　　C. 独家分销　　D. 混合分销
3. 房地产商品的流通宜采用（　　）策略。
   A. 长渠道　　B. 短渠道　　C. 多渠道　　D. 窄渠道
4. 对市场容量大，而每次购买数量少的商品，在选择销售渠道时，宜采用（　　）。
   A. 宽渠道、长渠道　　　　B. 窄渠道、长渠道
   C. 宽渠道、短渠道　　　　D. 窄渠道、短渠道
5. 对与人民生活密切相关的必需品在选择渠道时，应采用（　　）。
   A. 长渠道　　B. 短渠道　　C. 宽渠道　　D. 窄渠道
6. 中间环节较多的渠道称为（　　）。
   A. 宽渠道　　B. 长渠道　　C. 直接渠道　　D. 多渠道
7. 新产品进入市场时，最好的渠道结构是（　　）。
   A. 长渠道　　B. 短渠道　　C. 宽渠道　　D. 窄渠道
8. 产品标准化程度越高，则渠道长度和宽度应（　　）。
   A. 越长越宽　　B. 越短越窄　　C. 越长越窄　　D. 越短越宽
9. 设计一个有效的渠道系统首先要（　　）。
   A. 选择渠道成员　　　　B. 约定渠道目标与限制因素
   C. 明确各主要渠道交替方案　　D. 评估渠道交替方案
10. 货币在市场营销中间机构之间的流动过程构成（　　）。
    A. 促销流程　　B. 付款流程　　C. 实体流程　　D. 所有权流程
11. 某软饮料制造商尽可能通过许多尽职的，适当的批发商和零售推销商品，这一渠道策略称为（　　）。

7.4 分销渠道管理策略

A. 独家分销　　B. 选择性分销　　C. 广泛分销　　D. 集中分销

12. 零级渠道最适合于分销（　　）。

    A. 生活消费品　B. 农产品　　C. 食品　　D. 产业用品

13. 含有两个销售中介机构的渠道叫作（　　）。

    A. 零级渠道　　B. 一级渠道　　C. 二级渠道　　D. 三级渠道

14. 下列渠道成员类型中，只有（　　）对商品拥有所有权。

    A. 独立批发商　B. 经纪人　　C. 制造商代理　　D. 佣金商

15. 在以下关于高档"劳力士"手表的经营决策中，正确的是（　　）。

    A. 视其为特殊品，采用长而宽的渠道

    B. 视其为特殊品，采用短而窄的渠道

    C. 视其为选购品，采用长而宽的渠道

    D. 视其为选购品，采用短而窄的渠道

16. （　　）对其经营的商品不持有所有权。

    A. 经纪人和代理商　　　　B. 批发中间商

    C. 现销批发商　　　　　　D. 制造商销售办事处

17. 同一层次的商品流通渠道中使用中间商数目较多的称为（　　）。

    A. 多渠道　　B. 宽渠道　　C. 长渠道　　D. 窄渠道

18. 能够取得商品所有权的中间商称为（　　）。

    A. 代理商　　B. 经销商　　C. 寄售商　　D. 分销商

19. 海鲜产品、鲜花最适用于（　　）运输。

    A. 公路　　B. 铁路　　C. 水路　　D. 航空

20. 专门为买卖双方牵线搭桥、协助谈判的代理商称为（　　）。

    A. 企业代理商　B. 销售代理商　C. 佣金代理商　　D. 经纪人

四、复习思考题

1. 分销渠道有哪些作用？分销渠道的类型有哪些？
2. 影响分销渠道选择的因素有哪些？
3. 企业应如何选择分销渠道？
4. 企业应如何管理分销渠道？

五、案例分析题

案例1：

传统批发商的明天

庄老板是国内某著名家居照明企业在南方某中心城市的批发商，他与厂家发生了激烈冲突。进入该城市不久的国际连锁超卖巨头——百安居使他受到了前所未有的冲击：首先，他原有下游的零售客户生意萎缩，传统终端的走货越来越少；其次，零售价格下滑，他的利润空间被压缩；最后，厂家应百安居要求开始直供，这部分销量不能记入他的返利

第七章 渠道策略

销量中。郁闷的他把怨气都发泄到厂家身上,要求厂家停止直供,并管控价格,增加返利幅度。但厂家的回答是:传统的专业灯具市场萎缩,百安居销量越来越大,还要再开四家分店,厂家也是迫不得已,必须与他合作,不然竞争对手抢先进入,可能整个市场就丢了,而且供给批发商的价格已经比直供百安居的价格低了许多,不能再降价了。

问题:

(1)批发商面临着哪些挑战?

(2)批发商是否会消亡?批发商还有存在的必要吗?

(3)批发商应如何应对挑战,获得生存与发展?

(4)厂家面对我国流通领域的变革,应如何进行渠道的设计和管理?

案例2:

娃哈哈集团的渠道激励

很多制造商将销量作为返利的唯一标准,销量越多,返利就越高,导致那些以销量为根本、只赚取年终返利就够的经销商,不择手段地向外窜货。娃哈哈也有返利激励,但并不是单一的销量返利这样的直接激励,而是采取包括间接激励在内的全面激励措施。间接激励,就是通过帮助经销商进行销售管理,提高销售效率和效果,以此来激发经销商的积极性。例如,娃哈哈各区域分公司都有专业人员指导经销商,参与具体销售工作;各分公司派人帮助经销商铺货、理货以及进行广告促销等业务。与其他企业往往把促销措施直接针对终端消费者不同,娃哈哈的促销重点是经销商,公司会根据一定阶段内的市场变动和自身产品的配备,推出各种针对经销商的促销政策,激发其积极性。对于一个成熟的经销商而言,他更希望的是长期稳定的合作同盟和收益,加上娃哈哈"无偿"地全力配合销售,总部的各项优惠政策可以不打折扣地到位,经销商十分满意这种和谐的合作关系。

问题:

(1)以小组为单位对娃哈哈集团对于经销商的激励方案进行讨论,并填写分析表(表7-4)。

表7-4 分销渠道激励分析表

措施	作用

(2)各小组每组列举一个激励经销商的案例,并进行交流。

第八章 促销策略

教学目的要求:

1. 掌握促销概念和促销组合的构成。
2. 掌握公共关系常用策略。
3. 了解影响促销组合决策的因素。
4. 掌握常用的广告策略。
5. 掌握营业推广的方式。
6. 掌握人员推销的方法和技巧。

教学重点难点:

1. 促销组合及其组成要素。
2. 营业推广策略。
3. 人员推销的技巧和方法。

第八章 促销策略

引导案例

宏耐地板十年之约

在2007年的五一黄金周木地板市场促销大战中,宏耐地板在全国推出了题为"今朝选择宏耐,十年后全额返还"的促销活动,即在2007年5月1日至5月20日期间,在宏耐全国各专卖店购买宏耐超实木地板的消费者,除了享受宏耐同期推出的其他大幅促销优惠外,还可获得优惠卡一张,凭此卡即可享受十年后的全额返还优惠。在这一促销送礼、体验预期的宣传活动推广下,宏耐地板五一期间销量急剧上升。

营销启示:

在市场竞争激烈的营销环境下,企业做促销推广活动非常重要,如何在众多的促销活动中脱颖而出,富有新意而又吸引顾客是促销活动成功的关键。

8.1 促销策略

8.1.1 促销与组合

促销,即促进销售,是企业对顾客进行的信息沟通与传播活动,通过顾客传递与产品有关的信息,使顾客了解和信赖企业。对没有产生需求的潜在消费者,促销能激发他们的欲望和需求;对有购买意向的顾客,促销能加快他们的购买速度,甚至能改变他们的评估与选择;对已有的顾客,促销能提高他们的回购率,培养他们对品牌的忠诚度。

对于许多企业而言,问题的关键不是要不要进行促销,而是如何进行促销,选择什么样的促销手段,这就需要了解各种不同的促销方式。目前促销的方式主要有5种:广告、人员推广、营业推广、公共关系、直接营销。以上5种促销方式各有各的特点,我们将在下面各节详细地介绍。

促销组合就是企业把广告、人员推广、营业推广、公共关系、直接营销5种促销手段有目的地组合起来综合运用,是企业在各种促销方式中选择确定对自己最有利方式的组合过程。企业在进行促销组合决策过程中,必须考虑影响促销组合和促销决策的各种因素。促销管理的好坏,直接关系到企业产品促销成功与否,促销成功,能促使企业得到进一步的发展;促销失败,常常意味着产品或整个企业的失败。

8.1.2 影响促销组合决策的因素

1. 营销环境

企业面对的营销环境会在一定程度上影响其促销组合。从理论上讲,处于市场领导地位的品牌能从广告和营业推广活动中取得更多的利益。一个国家或地区的居民接触传播媒体频率(如报刊发行覆盖率,电视机、收音机拥有率等)的高低,会极大地影响广告的宣传效果。而一个国家或地区在近期开展的大型活动(体育运动会、球赛、节目盛典等),也会为人员推销、营业推广、公共关系、广告等促销手段创造用武之地。另外,某些政策法规也可能对各种促销手段的应用带来促进或限制作用,例如许多国家限制或禁止做香烟广告。所以选择促销手段时要充分考虑其在不同营销环境中的适应性。

2. 促销目的

对于不同企业而言,开展促销活动的目标是不完全相同的,不同的促销目标直接决定了不同的促销组合。一般来说,促销目标有两种:一种是短期目标,即重视追求企业的近期效益;另一种是长期目标,即重视追求企业的长远效益,注重企业在市场上的形象,注重构建产品的品牌形象。两种不同的目标采用不同的促销组合:短期目标应选择广告、营业推广等促销手段;而长期目标应选择人员推广、公共关系等促销手段。

3. 产品类型

不同类型的产品往往有不同的信息需求,因此企业所选择的促销策略也不同。一般来说,消费品的购买既多又不分散,购买频率较高,产品的花色品种多,技术性弱,因此依靠广告可以达到宣传提示的目的。工业品往往技术性强,使用方法复杂,购买量少且集中,如果采用人员推销的方式,推销人员对顾客边演示操作边洽谈,就比较容易促成交易。高新技术产品的购买者大多具备上网条件,他们通过互联网在全世界范围内寻求技术领先的使用产品。

4. 市场状况

目标市场不同,其信息的接受能力不同,对信息的反应态度也不同。如果企业面对的是地域分布既分散又广阔的目标市场,那么广告的作用就显得很重要。对规模小、地域狭窄的市场,宜以人员推销为主。此外,目标市场的购买习惯、人文环境、经济状况以及信息接收的便利程度,都会对各种促销手段产生不同的影响。

5. 产品市场生命周期

产品在市场上的生命周期一般分为四个阶段:导入期、成长期、成熟期和衰退期,不同的生命周期阶段,市场态势、消费者态度和企业促销目标都不同,所选择的促销手段也就有所不同。在产品导入期,提高产品的知名度是企业的主要任务,这时企业应以广告宣传为主,因为通过播放广告,有可能在短期内形成较强的品牌效应;而产品一旦进入成长期,仅靠广告宣传就不行了,营销人员的积极推销,往往更能深入宣传产品的特点,并能争取那些犹豫不决的购买者,迅速扩大营销量;在产品成熟期,为巩固市场地位,积极的公共宣传并辅之以一定的其他促销手段,往往能有效地巩固和扩大产品的市场占有率,增强企业的竞争优势;在产品衰退期,随着企业营销战略的转移,对于剩余产品,一般采取一些以营业推广为主的促销手段,以求尽快甩出存货,收回资金,投入新产品的生产。

6. 推拉策略

促销组合在一定程度上与企业选择推动策略还是拉引策略有关。推动策略强调利用中间商与推销人员将产品"推入"营销渠道,最后由零售商将产品推给消费者。拉引策略则强调首先通过广告及其他有效促销手段以刺激消费者需求,然后由消费者主动寻求被促销产品开始,沿促销渠道反向传递,最后由批发商或销售代理商向制作商提出进货要求。

7. 促销费用

百货业巨头约翰·沃纳梅克有一句名言:"我知道我的广告费有一半是浪费的,但我不知道是哪一半。"其实,很多企业家在促销组合决策时都会遇到这样的难题。大多数人会量力而行,以本身经济实力为基础来确定促销费用的绝对额,即先确定促销费用再来筹划促销组合。有实力的企业有时采用在竞争对手费用额上加码的方法,凭实力争夺市场占有率。另外,也可以根据以前的销售情况或预测销售额,选用一个百分比来确定促销费用。例如,在化妆品行业,促销费用一般占促销额的30%~50%,而在机械行业则只占销售额的10%~20%。确定促销费用最好的方法是,先确定为达到这些目标所要完成的任务,最后再估算为完成这些任务所需要的促销费用,这样可促使管理人员将促销费用与促销目标直接联系起来,便于企业进行成本效益分析。但采用这种方法必须确定好促销目标,对市场情况有全面、准确的了解,否则仍有可能产生误会,有时其可靠性也并不高于经验的决策。

8.2 广告

引导案例

脑白金营销之路

"今年过节不收礼,收礼只收脑白金。"这句广告词可谓是家喻户晓,童叟皆知。尽管脑白金广告被很多业内人士一直批判,说其毫无内涵和新意,一无是处。然而脑白金顶着第一恶俗广告的名头,创下了几十亿元的销售量,在2001年更是每个月的销售额都高达2亿元以上。一招鲜吃遍天,用不断重复的广告词和广告频率混得了脸熟,同时对于产品诉求的重复让观众也都熟知了。脑白金连续十六年列同类产品的销售第一名,开创了我国保健品营销的先河,也是中国大陆知名度最高、市场价值最大的保健品品牌。

营销启示:

广告并不等同于艺术,土广告也能带来巨大的市场收益,进行广告策划时除了考虑产品的品牌和消费者的诉求之外,选择合适的广告形式、广告时机等广告策略同样重要。

8.2.1 广告的概念和组成

广告的英文拼写是advertise,其含义是"一个人注意到了某件事情",后来又延伸为"引起别人的注意,通知别人某件事情"。中文里的广告是"广而告之"的简称。从应用的角度来说,广告有广义和狭义之分。广义的广告是指通过各种形式公开向公众传播广告主预期目标的宣传手段,由商业广告、新书介绍、社会宣传等组成。狭义的广告专指商业广告。它是一种以营利为目的,通过各种媒体迅速向目标市场传递商品或劳务信息的宣传活动。本节只研究狭义的广告。

广告被称为市场的入门券,是企业促销的重要手段,据有关统计资料介绍,20世纪80年代末美国的年人均广告费超过了500美元。随着商品经济的高度发展和营销活动的迅速扩展,广告已渗透到社会的各个领域,广告业已成为现代社会的一个重要产业。

一个完整的广告主要由以下五个方面的内容组成：

（1）广告人。是指发布广告的主体，常见的广告人包括企业、受托代理广告的广告公司、传播公司等。

（2）信息。是指发布的广告内容中包含的商品劳务等方面的信息、产品的性能功效、企业信誉、品牌、服务承诺等。

（3）广告媒体。是指传递广告的中介媒体，如电视、广播、报纸和杂志等。

（4）广告费用。是指广告人使用某种传播媒体所支付的费用。

（5）广告对象。是指广告的接收者。

8.2.2　广告的特征

1. 有偿服务

任何一个广告在通过传播媒介传播的过程中都是要支付费用的。广告费用的高低，取决于发布广告的媒体种类、时间长短、发布位置、频次等。因此企业在运用广告策略时，应对广告宣传的目的、内容、媒体选择及广告费用等进行综合决策。

2. 传播面广

广告是一种渗透性的信息传递方式，它可大量地复制并广泛传播，因此广告的信息覆盖面非常广，且可重复多次，不仅使消费者易于接受，而且能使其产品在短期内迅速扩大影响。

3. 间接传播

广告通过传播媒体进行宣传，广告主同广告的接受者并不直接接触，因此广告的文字、画面、音响等内容和形式对广告的宣传效果会产生很大的影响。

4. 媒体效应

由于消费者是通过传播媒体来获得产品和劳务信息的，所以媒体本身的声誉、吸引力及其接触的可能性都会对广告信息的传播效果产生正、反两方面的效应。

8.2.3　广告的分类

广告发展到今天，已成为内涵丰富的体系，从不同的角度考查，可以将广告进行不同的分类。

（1）按广告目标不同，广告可分为通知性广告、说服性广告和提醒性广告三种类型。

① 通知性广告。用于向市场告知有关产品的情况；介绍某种新产品的若干新用途；说明新产品的使用方法；介绍企业所提供的各项服务；通知市场有关价格的变化情况；纠正错误的印象，减少消费者的恐惧感；树立良好的企业形象等。通知性广告主要用于某种产品的开拓阶段，目的在于触发初级需求，如丰田汽车进入中国市场时的口号是"车到山前必有路，有路必有丰田车"。

② 说服性广告。用于品牌偏好的产品，鼓励和引导消费者转向所宣传的品牌，改变顾客对产品属性的知觉，说服顾客马上购买，或说服消费者接受一次推销访问。说服性广告在产品的竞争阶段十分重要，是商家进行促销的主要武器。如"海飞丝"所做的广告是："头屑去无踪，秀发更出众。"

③ 提醒性广告。用于提醒消费者可能在近期需要这个产品，如乐百氏"今天你喝了没有"，或提醒消费者何处可以购买到这个产品，促使消费者在淡季也能记住这个产品，以便保持最高的知名度，这已经成名品牌的惯用伎俩，目的是保持顾客对该产品的记忆，保持或继续扩张其市场占有率。

（2）按广告产生作用的规律以及市场特征不同，广告可分为主诉性广告和提示性广告。

① 主诉性广告。是详细、准确、强有力地向目标消费者诉求品牌利益，能直接有效地促进目标消费者的购买行为的广告。

② 提示性广告。是对目标消费者起提醒、提示作用，引起目标消费者的兴趣、关注和加强消费者印象的广告。

8.2.4 广告的创作与设计

1. 创作主题

广告主题是指产品能向消费者提供的主要利益。雅芳公司的广告词是"在工厂里，我们生产产品；在广告里，我们销售希望"。广告作为促销的重要手段，在创作时首先要找出、找准产品能向消费者提供的主要利益。如"旭日升冰茶，爽口爽心"就是一个很好的主题。

2. 创作诉求信息

主题明确后，接下来就是寻求如何艺术地表达主题，以引起受众的注意、接受和关爱，这在广告行业称为诉求模式的选择。

广告诉求可区分为理性诉求、感情诉求、道义诉求3类。

（1）理性诉求。理性诉求显示该产品或品牌能产生需要的功能利益，展示产品质量、经济用途、价值和性能等方面的信息。一般情况下，工业产品的购买者对理性诉求的反应最为强烈，因为他们具有丰富的产品知识，受过正规、系统的训练，并且他们所做出的选择要对企业负责。消费者在购买大额物品时，也会收集有关信息，并仔细地进行比较，他们也会对产品服务、经济用途、价值和性能做出某些反应。芬必得止痛药广告词"无须忍痛，芬必得"，就是药品广告中非常简练的理性诉求的例子。

（2）情感诉求。情感诉求是试图激起某种否定或肯定的情感以促使其购买。广告的创作者寻找合适的感情销售建议，如长虹红太阳系列"以产业报国为己任"诉求的是一种大气的振兴民族工业的情感，又如罗尔斯洛伊车、劳力士表不仅表示一辆汽车和一只手表，还象征着拥有者的身份和地位。另外，情感诉求中害怕性诉求在一定限度内是有效的，如以害怕、内疚和羞愧的表达，促使人们去做该做的事（如刷牙、进行年度体检）或停止做不该做的事（如吸烟、酗酒、滥用药物）等。

（3）道义诉求。道义诉求用来指导受众有意识地分辨什么是正确的、什么是适宜的。它常常被用于公益广告，如用来唤起公民的环保意识等。

8.2.5 广告创作原则

1. 主诉性广告的创作原则

（1）有一目了然的目标针对性。主诉性广告需要明确说明该产品的目标消费者是些什么人，这些目标消费者要具体、明确。

（2）有诉求力强的广告口号，诉求口号要明确而强有力地阐明品牌利益，以及对消费者的服务式承诺或诱发式启发。如"冬天用比索，苗条又健康"就是一种服务式承诺，显得简洁有力。

（3）文案要详细有理地诉求产品利益。主诉性广告要求从产品的目标消费者日常经验的角度，诉求产品的个性及给目标消费者可能带来的利益和感受，如大家都很熟悉的荣昌肛泰的广告，其提示性广告的口号是"贴肚脐、治痔疮"。这则广告非常具体、生动、真实地从患者的经验出发，强调了该产品治疗痔疮很方便，不用开刀、打针，不用忍受痛苦的轻松感，让消费者产生强烈的购买欲望。

（4）要有具体市场阶段的针对性。主诉性广告应以在不同的市场阶段，企业所面对的目标消费者心理状态和生活状态也有所不同的特点为前提，进行有针对性的诉求，并通过各种方式的变化，把那些对销售最有促进力的信息作为诉求的主要内容。

8.2 广告

2. 提示性广告的创作原则

（1）简洁、准确。提示性广告的目的仅仅在于提示某种信息，以引起人们的关注，因此内容一定要简洁，并且要准确传达出所要提示的信息，如"金利来，男人的世界"，既让人们关注"金利来"这一品牌，又让人们明白"金利来"的目标消费者是男性。语言简洁、准确。

（2）通俗、生动。提示性广告要想获得最佳的提示效果，其提示性语言应易记、易传播、易接受。这就要求语言和形式要生动、通俗，如"喝孔府宴酒，做天下文章"这句广告语就很通俗易懂，生动贴切。

（3）诉求有力。提示性广告虽然只是提示目标消费者，但由于其本身也是一次对品牌利益的传播，因而也应尽可能地对目标消费者产生心理触动，如"补血快快似输血，补血当然红桃K"就充满了自信心，对贫血患者的触动显然是明显的。提示性广告由于其简洁性的约束，因而它对消费者的诱惑显然不是最强有力的。如果把握得不好，就很容易变成一种不痛不痒、平淡无奇的提示，这样的提示还不如不提示。

8.2.6 广告媒体

广告媒体的种类很多，下面简述一下集中主要媒体的特点。

1. 报纸广告

报纸是使用最普遍的广告媒体，是广告媒体的主要形式。其优点是覆盖面广，读者广泛、稳定，传播迅速，反应及时，制作简易，便于查阅，印象深刻。其缺点主要是内容庞杂，易分散人们对广告的注意力，寿命短，一般不会重复翻阅。

2. 杂志广告

杂志是满足读者的知识渴求的刊物媒体。它分为综合性杂志和专业性杂志两种。其优点是宣传对象明确，针对性强，阅读期长，易保管收藏，转读率高，画面清晰，立体感强，广告被阅读的频率高于报纸。其缺点是印刷周期长，传播不及时，读者范围有限，覆盖率低，设计复杂。

3. 广播广告

广播广告借助于听觉器官，利用语言和声音作为手段传递商品和劳务信息。其优点是不受时间、环境、地点限制，灵活性强，覆盖率高，宣传范围大，信息传播迅速。其缺点是缺乏实体感，电波转瞬即逝，听众记忆不牢，也无处查阅。

4. 电视广告

电视是一种视听兼备的媒体,是最主要的广告媒体。其优点是收看面广,宣传范围大,且可反复播放,有利于加深观众的印象,对观众富有感召力,直观性强。其缺点是电视形象消失快,观众记忆不牢,费用高。

5. 户外广告

户外广告包括招牌、街头广告牌、广告画、海报霓虹灯广告、灯箱广告、条幅及布告栏广告等。其优点是地理选择好,成本低,持续时间长且灵活性较强。其缺点是针对性较差,信息内容少,表现形式局限,传播范围小。

6. POP广告

POP(Point of Purchase)广告是指销售时点广告,它一般出现在超市、商场及百货店、摊铺等零售现场,又称为"零售广告"。包括店面的招牌、橱窗、标识物、地面的商品陈列台、展示架、商品资料台、墙面的商品海报、招贴,悬挂的商品标识旗、服务承诺语、吉祥物、吊旗,货架上的价目卡等。其作用是诱客进店,让顾客驻足并实现最终购买。

广告媒体的种类还有很多,并且也在不断的发展变化之中,如正如火如荼发展的互联网广告。不同的媒体各有其不同的特点,起着不同的作用。

8.2.7 广告策略

广告策略主要包括信息策略、发布技巧、时机的选择。

1. 信息策略

常用的信息策略包括:

(1)名人广告。聘用社会公众所熟知的名人(如演艺明星、著名运动员、主持人、社会名流)做广告。利用名人的影响力、威信及公众对其的喜爱来争抢广告的吸引力和有效性。但名人广告要承担可能的名人丑闻风险。

(2)特定人物广告。聘用与该产品有特定关系的人物(如某药品的治愈患者、产品形象代表等)在广告中以受益者的现身说法,来吸引同类型的购买者。

(3)幽默广告。使用一定的诙谐手法在广告中制造幽默与喜剧效果,吸引消费者的注意。但要注意,人们对幽默有理解上的差异,如果运用得不好,就可能给产品形象投下阴影。因此,幽默广告要慎用。

8.2 广告

（4）音乐广告。杭州娃哈哈集团为其娃哈哈纯净水所作的广告一时竟成为人们争相传唱的流行歌，这是成功的音乐广告策略。在广告中设计一段优美的音乐，能激发消费者的参与意识，强化消费者的记忆，逐步形成以音乐引导消费者牢记某一品牌并引发对此品牌的偏好。

2. 广告发布技巧

广告的发布技巧包括两个方面：一是媒体的组合策略；二是与媒体组合策略相适应的诉求内容的有机分配。

由于媒体种类和形式的不断增多，靠单一媒体已很难将一个产品推向市场最高峰。这主要由于随着媒体种类及形式的增多，不同媒体之间可信度的高低被区别开来的缘故。有的媒体在当地市场上受众量大、可信度高，其广告的影响力自然就大；相比之下，有些媒体的可信度弱一些，其广告的影响也受到一定的限制；还有些媒体可信度低，受众量也很小，因此自然不会受到广告主的青睐。

在制定媒体策略时，必须考虑以下两点：

（1）必须确定一个主要媒体，这一媒体从形式上特别适宜于所推广的产品类型，并且对本产品的目标消费者最有影响，对市场的销售有最直接、最重要的促进力量。我们把这一媒体称为"主诉型媒体"。如"洗发水""服装"等较适宜在电视媒体上推广，不太适宜在广播和报纸媒体上推广，那么"电视"则应被确定为这类产品的主媒体。

（2）必须选择一部分较次要的媒体，以期在提高产品知名度、传播品牌个性、推广品牌形象等方面配合主要媒体，使主要媒体的诉求力得到进一步增强。我们把这一类媒体称为"提示型媒体"，在这一媒体上所发布的广告称为"提示性"广告。

3. 广告时机的选择

确定广告媒体后还要选择适当时机进行广告宣传。因此，应对广告时机进行总体安排与具体安排。总体安排是指企业根据季节变化和预期的经济发展来安排一年的广告；具体安排是指企业在一个短时期内部署好一系列广告战略，以达到最大的影响效果。广告信息可以相对集中在一小段时期内（爆发式广告），也可以连续不断地分散在全部广告期中或间断性地分散分布广告。

新产品上市还要注意广告时机与零售店铺货的相互配合。有品牌基础、进入新市场的促销，有的可考虑选择先做广告，让消费者形成一个短的期待，再行铺货。成功的关键在于把握好时间差。大多数产品都是在进行铺货后尽快投入广告。此外，广告时机的选择还考虑三个要素：一是购买者周转率，即新顾客在市场上出现的速率。速率越高，广告越应接连不断。二是遗忘率，即购买者遗忘某种品牌的速率。遗忘率越高，广告也越应接连不断。

8.3 人员推销

引导案例

推销产品的味道：让产品吸引顾客

每一种产品都有自己的味道，乔·吉拉德特别善于推销产品的味道。乔在和顾客接触时总是想方设法让顾客先"闻一闻"新车的味道。他让顾客坐进驾驶室，握住方向盘，自己触摸操作一番。如果顾客住在附近，乔还会建议他把车开回家，让他在自己的太太、孩子和领导面前炫耀一番，顾客很快就被新车的"味道"陶醉了。

营销启示：乔·吉拉德在推销的过程中运用假定推销成功的方法实现目标。不论你推销什么，都要想方设法展示你的商品，而且要让顾客亲身参与。如果吸引到他们的感官，那么推销就成功了第一步。

人员推销是指生产和经营企业的销售人员，直接与消费者和用户接触，洽谈、宣传介绍商品和劳务，以实现销售目的的活动过程。它是一种古老的、普遍的、最基本的销售方式。推销人员是企业连接顾客的纽带。对顾客来说，推销人员是企业的代表；反过来推销人员又从顾客那里给企业带来许多重要的市场信息。

8.3.1 人员推销的功能

人员销售的功能主要有以下几点：

（1）销售商品。这是人员推销最基本的功能，特别是对大额项目，人员推销在传统的促销组合中是必需的。一般企业对人员推销都有量化的销售业绩要求，推销人员带着销售任务与客户接洽，向客户出样报价，回答客户的疑问并达成交易。

（2）寻找客户。推销人员负责寻找新客户或主要客户。

（3）信息沟通。推销人员应熟练地将企业产品和服务的信息传递出去，还要进行市场调查和收集情报工作，将市场信息及时反馈给企业。

（4）提供服务。推销人员要为顾客提供各种服务，对顾客的问题提供咨询意见，给

8.3 人员推销

予技术帮助，安排资金融通，加速交货。

（5）宣传功能。推销人员应通过自己的行为，来维护企业的形象，扩大企业和产品的社会影响。

（6）协调功能。推销人员应该主动观察企业与用户之间可能存在的矛盾，努力协调解决。

（7）调剂余缺。在商品的销售过程中，由于各地消费习惯的差别，同类商品在此地可能积压，在彼地则可能脱销，推销人员可以利用其接触点多、涉及面广的有利条件，对行销各地的商品进行余缺调剂，以保证企业扩大销售，满足用户需求。

8.3.2 人员推销的技巧

要想使人员推销功能得以全面、完整的实现，推销人员必须具备一定的推销技术，把握推销进程，熟悉推销技巧，善于讨价还价。

推销进程是指推销人员围绕目的而设计的为达到预定目标的工作程序。对于推销进程的设计一般有两种方法，即爱达公式和迪迫达公式。

（1）爱达（AIDA）公式。在爱达公式中，将整个推销进程划分为以下四个阶段。

①引起注意（Attention）。即在推销活动中首先要吸引消费者群体对销售人员、产品的注意力。

②激发兴趣（Interest）。即在吸引了消费者的注意后，推销人员要采用一定的手段、方式，努力使消费者对产品产生浓厚的兴趣。

③引发欲望（Desire）。即在消费者对本企业产品产生浓厚的兴趣后，促使其进一步产生购买、拥有本产品的欲望。

④形成行动（Action）。当消费者产生了强烈的购买欲望之后，便应驱使其迅速做出购买决策，采取购买行动以实现销售。

（2）迪迫达（DIPADA）公式。该公式则有六个步骤。

①发现需求（Discover）。即推销人员应在目标市场寻找，发现消费群体各种不同的需求方向，需求数量。

②激发兴趣（Interest）。即对已发现的各种需求加以适当的引导，使消费者将各种需求逐渐转化为对企业产品的兴趣。

③加强信任（Proof）。即推销人员向消费者提供具有说服力的证据和资料，证明本企业的产品能够良好地满足消费者的需求，让消费者能够从实际中形成对本企业产品的信任。

④使得接受（Accept）。即推销人员进一步积极地劝说消费者，促使其被吸引并逐步接受推销人员的建议。

⑤引发欲望（Desire）。即当消费者在接受了推销人员的建议后，推销人员做进一步介绍，使消费者对产品有深入的了解，并产生购买欲望。

⑥形成行动（Action）。即在顾客产生了一定的购买欲望之后，推销人员要及时驱使消费者做出消费决策，实施购买行动以实现销售。

企业可以根据自身的特点，综合运用以上两种方法，准确把握推销过程中的各环节，采取相应的推销策略，来取得完美的推销结果。

引导案例

从光棍节到购物狂欢节

2009年11月11日，天猫（当时叫淘宝商城）首次进行"双十一"促销活动，当时共有27个品牌参加，当天的单日销售总额为5 000万元。2016年的"双十一"成交额更是达到了1 207亿元。为什么选择11月11日这天进行促销呢？最初的原因是考虑到季节变化，"双十一"接近圣诞节和元旦，同时春节也要临近，大家都有添置衣物的需求。2009年的第一次"双十一"收获了意想不到的效果，销售额爆炸式增长。2012年几乎所有的线上平台都加入了"双十一"的混战当中，并且都取得了不错的业绩。2012年后，"双十一"已经成为电商必争的日子。除了线上平台外，传统渠道线下也在"双十一"进行大规模的促销活动，"双十一"成为名副其实的购物狂欢节，电商、物流提前几个月就在为"双十一"备战，各品牌各企业也都做足广告宣传，绞尽脑汁推出新的促销方式吸引顾客。而每年的"双十一"当天大家也都会津津乐道每秒钟的交易数字的变化，还有每一年被刷新的总成交额。阿里成功地把11月11日从光棍节变成了购物狂欢节。

营销启示：

天猫"双十一"每年的宣传都做得如火如荼，除了最关键的价格优势之外，各种新奇有趣的促销方案也是吸引消费者的重要手段，除了传统的满减、打折、优惠券之外，秒杀、团购、定金抵扣价格等各种依托于网络的新方法也在前期的宣传中有效吸引了大批消费者。

8.4 营业推广

8.4.1 营业推广的概念

营业推广是指企业利用各种能够迅速激起需求和购买欲望的手段，来诱导中间商和消费者，形成购买行为的一种促销方式，应用于一定时期、一定任务的短期特别促销。它有两个互相矛盾的特点：

其一，促销强烈。营业推广以特殊的优惠和强烈的表现为特征，给消费者以不同寻常的刺激，特别是对那些想买便宜货的消费者，具有特别的吸引作用。因为它给消费者提供了一个特殊的购买机会，使其有一种机不可失的紧迫感，促使其当机立断，马上购买。因此营业推广，具有促销效果强烈、见效快的特点。

其二，贬低商品。营业推广这种短、平、快的促销方式，往往会使消费者认为卖主急于使商品脱手，而产生怀疑产品质量的心理，有损于产品声誉和企业形象，因而，这种促销手段不宜频繁使用。

8.4.2 营业推广的方式

企业运用营业推广手段，形式是多样的，大致可分为两大类。

1．对消费者的营业推广

（1）赠品样品。将本企业的新产品赠送给消费者试用以达到促销的目的。样品可以挨家挨户送上门，也可以邮寄发送、在商店内提供、附在其他产品上赠送或作为广告品。赠送样品是最有效也是最昂贵的介绍新产品的方式。如宝洁公司曾向一些城市的几乎每一个家庭赠送一块"舒肤佳"小香皂和一条浴帕。

（2）有奖销售。奖品是指消费者在购买某商品后，向他们提供赢得现金、旅游或物品的各种获奖机会。这种营业推广方式曾在我国风行一时，但因获奖率太低而使促销效果逐渐减弱。目前，有些企业干脆在包装内放入不等额的现金，以达到促销的目的。

（3）优惠券。企业向目标市场上的消费者发放优惠券，凭此券购买某商品可以享受一定的价格折扣。优惠券实质上属于一种价格刺激手段。具体做法有：在商场发放，邮寄，附在报纸杂志或传单广告上，附在包装上等。专家们认为，优惠券必须提供15%～20%的价格减让才有效果。

（4）减价。企业对于已经进入成熟期的产品可以采用减价方式来扩大销售。具体做法有：季节性减价，节假日减价，凭购物发票再购买打折，凭会员卡、贵宾卡打折等。由于目前市场价格管理尚未完全规范，减价促销效果往往不是很理想。

（5）产品演示。企业针对消费者对产品的功能、使用方法、使用效果等可能产生的疑问而展开产品的陈列、展示、演示活动。一般是直接演示该产品的使用方法和使用效果。这种方式一般适用于技术复杂、效果直观性强的产品和刚刚上市的新产品。

（6）附赠礼品。企业在销售价格较高或较贵重商品时随商品附赠礼品的方式。具体做法是：购买商品附赠相关产品或配套产品，如购买手机附赠手机皮套、电池。

(7）购物印花票。顾客每次购物，都会得到一张打印成印花票形式的付款凭证。顾客如果将这种印花票积攒到一定数量或一定金额时，便可得到商店一定的折扣或回赠礼品。这种形式主要用来吸引长期回头客。国外的大型百货公司常采用这种方法。

（8）现金折款。现金折款是在购物完毕后提供减价，而不是在零售之时。消费者购物后将一张指定的"购物证明"寄给制造商，制造商用邮寄的方式"退还"部分款项。如美国托勒公司聪明地选择了在冬季尚未来临之际发起一场铲雪机的促销攻势，声称如果届时在买主所在地的降雪量低于平均水平则给予退款，它的竞争者则由于未能采取相应的措施而被迫转产。

2. 对中间商的营业推广

企业对中间商的营业推广有以下几种方式：

（1）订货和交易会。企业主办订货会、交易会来吸引中间商参加，借以沟通购销双方信息，介绍新产品，招徕顾客。

（2）价格折扣（又称发票折扣），指在一段时间内，每次购货都给予低于价目表的单价，鼓励经销商去购买一般情况下不愿购买的数量或新产品。中间商可以将购货补贴作为直接利润，也可以将其转为广告费用和零售降价补贴。

（3）折让。企业提供折让，以此作为零售商同意以某种方式突出宣传企业产品的补偿。广告折让用于以补偿为企业的产品做广告宣传的零售商。陈列折让则用以补偿对产品进行特别陈列的零售商。

（4）免费商品。企业对购买某种质量特色的或达到一定数量的中间商额外赠送若干数量的产品或现金。有些企业还免费赠送附有企业名字的特别广告赠品，如钢笔、挂历、镇纸、备忘录和码尺等。

（5）经销竞赛。即企业在所有经销本企业产品的中间商中开展销售竞赛，视销售量大小，采取相应的奖励措施。

（6）贸易协助。企业对中间商加以业务指导，提供产品知识讲座，培训销售人员，举办营销研讨会等服务，以增强中间商的营销效果。

8.4.3 营业推广的实施

营业推广的实施，主要包含以下内容：

（1）推广目标。企业应根据目标市场的购买者及企业营销目标综合考虑。由于目标对象的差别，对消费者和中间商的推广各不相同。鼓励消费者由一次性购买逐渐转向经常性、习惯性购买，鼓励中间商反复大量推销本企业产品。

（2）激励幅度。让利给消费者要适度。让利的幅度过高会导致企业效益下降，过低

8.5 公共关系

又难以吸引消费。因此,企业要认真分析各目标市场的条件,以达到既能扩大销售,又能保证企业整体效益提升的目的。

(3) 推广期限。企业营业推广期限不宜太长,否则会导致用户对产品产生怀疑,丧失对消费者的吸引力;也不宜太短,否则不足以激发目标市场上的潜在消费者。

(4) 推广预算。要合理安排推广费用,可根据预计要实现的销售额的一定百分比,来安排推广的预算开支。

(5) 推广效果评估。企业在每次营业推广结束以后,要对推广的效果进行评价。评估的方式与广告相同,从这次推广的经济效益和对社会产生的影响(即社会效益)来分析总结。

8.5 公共关系

引导案例

顺丰真诚公关

2016年4月17日,在北京一小区内,一名顺丰快递员驾驶三轮车不慎撞上一辆正在倒车的小汽车,汽车驾驶员下车后情绪激动,先是语言辱骂快递员,随后七次扇快递员耳光。这一事件迅速在网上传播。顺丰集团官方微博第一时间发博:表示要追究打人者的责任。与此同时,网上大面积转发疑似顺丰老板王卫的朋友圈截图,内容为:如果此事不追究到底,我不再配做顺丰总裁。该言论在网上取得了压倒性的声援,多数网友认为此举既给了外界一个交代,又暖了员工的心。顺丰的公关态度赢得了公众的好感。顺丰集团总裁王卫表示,此事关乎员工的尊严,钱和道歉不能解决问题,没有调解的余地。接下来,顺丰在内部制定指引,帮助快递员学会自我保护,同时将联合行业其他企业或组织,共同为快递员制定相关安全保障。"我们绝对不允许这种粗暴的人员对待快递员,只有追究到底,才会杜绝以后发生类似事情。"最终寻衅滋事者被警方行政拘留,并委托家属向快递员道歉和赔偿。被打的"快递小哥"受邀参与了顺丰上市的敲钟仪式。

营销启示:

顺丰对于被打事件的处理,迅速、真诚,获得了舆情支持。得益于对这件事情的妥善处理,提升了企业形象。

8.5.1 公共关系促销的特点及内容

公共关系一词源于美国，英文是 Public Relations。公共关系是一个社会组织的管理职能和传播活动。企业利用传播手段，追求自身在社会公众中的良好形象和声誉，以此达到促进产品销售的目的。公共关系强调的是成功的人际关系、和谐的人事气氛、良好的社会舆论环境。公共关系不同于营业推广，它注重的长期效应，属于一种间接的促销手段。

1. 公共关系促销的特点

（1）间接促销。公共关系活动本身的重点不在于直接推销。公共关系的目的旨在开展有效信息传播及各种社会活动来宣传企业，为企业营销活动创造提供一个良好的外部活动环境和营销氛围，达到间接促销的目的。

（2）降低促销成本。公共关系的成本比直接邮寄和广告的成本要低，促销预算少的企业更应注意运用公共关系来促销。

（3）长期效应。公共关系的促销效果不是一夜之间就能达到的，而是长期坚持不懈努力的结果。一旦树立了企业及产品的良好信誉，就能在相当时间内产生良好的销售效应。

2. 公共关系促销的内容

企业的公共关系活动涉及企业规模、经营范围、企业的目标市场等方面，主要包括以下内容：

（1）运用新闻媒介。用最正面形式展示本组织的新闻和信息。

（2）产品的公公宣传。为某种特定产品做宣传的各种努力。

（3）公司的信息传播。通过内部和外部信息传播，促进公众对本企业的了解，如企业良好的福利就是社区公众感兴趣的话题。

（4）咨询。就公众事件、公司地位和公司形象等方面的问题向管理层提出建议。它包括在公众确认产品质量不稳定或发生了产品灾祸时提出建议书。

（5）与公众权力机构打交道。为企业的人大代表、政协委员准备提案、议案、发言材料，负责为政府官员视察考察时提供新闻报道材料等。

（6）建立有利于表现产品特点的企业形象。如风行一时的亚科卡的演讲和自传，就有助于为克莱斯勒公司建立一个全新的胜利者的形象。

8.5.2 公共关系的对象

公共关系的对象是广泛的社会公众，是企业在实现促销目的的过程中与之相关的、对其形象的树立、声誉的建立有影响的各类社会公众。公共关系主要的对象有：

8.5 公共关系

1. 媒体公众

媒体是指从事广告、新闻、信息宣传的机构。这些宣传媒体本身也属于一种公众，它们掌握着舆论导向的权利，对企业信息的传播直接起到作用。企业也需要不断地借助传播媒体来广泛宣传自己的新成就、新产品、新形象，让社会能够加深对本企业的认识和了解。企业的公关人员应注意培养与传播媒体的良好合作关系，形成一种双方相互尊重、平等相处、以诚相待的关系，并依靠这种关系来实现信息传播的目的，有效地提高自身的形象、声誉和知名度。

2. 企业内部公众

企业的声誉和形象如果只单纯依靠大量的对外宣传是远远不够的。良好的声誉、形象首先来自于企业内部，因为企业形象的建立必须首先获得内部职工的理解和支持。内部职工所形成的凝聚力、集体荣誉感、团结一致的精神是企业形象、声誉建立的关键。企业公关人员的首要公关对象就是企业内部，公关工作的重点就是要争取企业内部职工的信任、理解和支持，在企业内部协调好上、下级之间的关系，充分发挥企业内部职工的积极性。

3. 政府公众

政府是国家权力的执行机构，是宏观经济运行的调控者，会对企业产生间接的控制权。企业一定时期的经营状况直接受到政府宏观政策、法律、法规的制约，其在政府的宏观管理下开展生产经营活动。因此公关人员要积极地处理好企业与政府的关系，在政府宏观管理下顺利地达到企业的营销目的。

4. 社区公众

社区是企业所处的地理区域。社区关系是企业与其所处的地理区域内的居民、机关团体、街道等的关系。企业处在一定的社区中，就必然会与该区域形成千丝万缕的联系。因此，企业的公关人员应与社区建立和保持融洽的关系，尽可能地为社区居民、机关团体、街道和学校提供一定的帮助和服务，如努力消除环境污染，减少噪声，以获得社区公众的理解和支持。

8.5.3 公共关系促销方式

公共关系促销的方式多种多样，本节只简单介绍几种。

（1）公开出版物。包括企业报纸、杂志、各种视听宣传资料、小册子、电视专题片等。

（2）事件。企业可通过安排一些特殊事件来吸引公众对新产品和该企业其他事件的注意，如举办记者招待会、周年庆祝会、讨论会、展览会以及运动会等。

（3）新闻。专业公关人员的主要任务之一是发现或创造对产品或企业有社会价值的新闻，如企业的管理经验、劳模的感人故事、新产品的成功开发、科技人员获奖等。

（4）演讲。演讲是提高产品和企业知名度的另一种工具，如企业家到大学的演讲以及在各种专门会议上的发言等。大型企业往往还有擅长演讲的企业发言人。

（5）公益服务活动。企业通过对某些公益事业的义务捐献和开展一些有影响的公益活动来改善、融洽企业与社会公众，尤其是目标市场消费者的关系，以达到营销目的。株洲市南大门服装市场个体经营户通过组建光彩艺术团，在社区内外义务演出，成功地改变了人们认为个体经营者素质不高的印象。

（6）印象识别媒体。在社会中，企业为了盈利不得不努力去取得社会公众的广泛关注。企业至少应努力创造一个公众能迅速辨认的视觉形象系统。视觉形象系统可通过企业的持久性媒体——广告标识、文件、小册子、招牌、企业模型、业务名片、建筑物、制服标记等广为传播。

8.5.4 公共关系促销效果的评价

公共关系促销效果的评价主要包括展露度、知名度和态度方面的变化、销售额和利润贡献三种方法。

（1）展露度。衡量公共宣传效益的最简易的方法是计算出现在媒体上的展露次数。将媒体报道的报刊版面、电台时间、电视时段换算出同种媒体所需广告费，就是公关效果的展露度。

（2）知名度和态度方面的变化。衡量公关效果的一种较好方法是确认由公关活动所引起的产品的知名度、公众的理解态度是否发生变化（考虑了同期其他促销工具的影响之后）。这需要调查这些变动的变化水平，例如通过资助摄影家的巡回影展活动，太子奶集团获悉：同意"太子奶是一种发酵型酸菌饮料"这种说法的人数由公关活动前的30%上升到公关活动后的50%，据此就可以认为公众在产品的理解上有了较大的改进。

（3）销售额和利润贡献。若有可能，考查公关活动对销售额和利润的影响是一种最令人满意的衡量方法。

本章小结

本章介绍了企业为扩大产品销售而采取各种有效的方法，把企业的有关信息传递给自己的目标市场，以引起顾客的注意，激发他们的需求欲望，吸引他们购买企业的产品的各种促销策略，主要包括促销与促销组合、广告、人员推销、营业推广、公共关系等内容。

8.5 公共关系

课后练习

一、主要概念

促销与促销组合、广告的分类及广告策略、人员推销的功能、人员推销的技巧、营业推广的概念和方式、公共关系。

二、判断题

1. 推销策略强调利用中间商与推销人员将产品推入销售渠道，最后由零售商将产品推给消费者。（　　）
2. 狭义的广告指商业广告。（　　）
3. 广告被称为市场的入门券，是企业促销的重要手段。（　　）
4. 广告主题是指能向消费者提供的主要利益。（　　）
5. 推销人员是连接顾客和企业的纽带。（　　）
6. 营业推广有两个互相矛盾的特点：促销强烈、贬低商品。（　　）
7. 赠送样品是针对中间商的推广方式。（　　）
8. 公共关系是一种直接的促销手段。（　　）
9. 企业的声誉和形象宣传依靠大量的对外宣传就可以达到。（　　）
10. 公共关系的促销效果在短时间之内就能看到结果。（　　）

三、单项选择题

1. 一个完整的广告由广告人、（　　）、信息、广告媒体、广告费用五个方面构成。
   A. 广告对象　　B. 广告主体　　C. 广告内容　　D. 广告渠道

2. 通常药品和保健品广告都会请受益人来现身说法，这是属于广告的（　　）信息策略。
   A. 名人广告　　B. 特定人物广告　C. 幽默广告　　D. 音乐广告

3. 劳力士手表代表的不仅是一只手表，还象征着拥有者的身份和地位，是（　　）诉求模式。
   A. 理性诉求　　B. 情感诉求　　C. 道义诉求　　D. 需求诉求

4. 将本企业的新产品赠送给消费者试用以达到促销的目的，是（　　）营业推广方式（　　）。
   A. 赠送样品　　B. 有奖销售　　C. 现金折扣　　D. 产品试销

5. 迪伯达（DIPADA）公式有六个步骤，其中A代表（　　）。
   A. 发现需求　　B. 激发兴趣　　C. 加强信任　　D. 形成行动

6. 爱达（AIDA）公式是对推销进程的概括，其中A代表（　　）。
   A. 引起注意　　B. 激发兴趣　　C. 引发欲望　　D. 形成行动

第八章 促销策略

7. 丰田汽车进入中国时，广告词是"车到山前必有路，有路就有丰田车"。这是属于（　　）。

　　A．通知性广告　　B．说服性广告　　C．提醒性广告　　D．提示性广告

8. （　　）是指在购物完毕后提供减价，而不是在零售之时。

　　A．现金折扣　　B．现金折款　　C．购物印花　　D．有奖销售

9. 举行记者招待会、周年庆祝会、讨论会、展览会以及运动会和文化赞助是属于（　　）促销方式。

　　A．广告宣传　　B．销售促进　　C．营业推广　　D．公共关系

10. 消费品的购买既多又分散，购买频率较高，产品花色品种多，技术性弱可采用（　　）促销方式。

　　A．广告宣传　　B．销售促进　　C．营业推广　　D．公共关系

四、案例分析

　　瑞士雀巢咖啡在准备进入中国市场时选择的促销策略如下：①选择京、津、沪三大城市作为其进军中国内地的突破口，在三城市电视台和中央电视台同时播出广告，通过集中、统一、有特色的密集性广告，传播了雀巢咖啡"味道好极了"的良好品牌形象；②在京、津、沪三市举办名流品尝会，并为人民大会堂和一些重要会议免费提供咖啡，形成了名流只喝"雀巢"的时尚；③采用中国内地消费者较为欢迎的买一赠一、买咖啡送伴侣等形式。

　　请运用促销的相关知识分析，瑞士雀巢咖啡是如何通过选用恰当的促销方式成功进入中国的。